Christine Koller

Die Kraft der Einsamkeit

Christine Koller

Die Kraft der Einsamkeit

Wie Sie Tristesse überwinden und sich neu entdecken

mvg Verlag

Bibliografische Information der Deutschen Bibliothek
Die Deutsche Bibliothek verzeichnet diese Publikation in der Deutschen Nationalbibliografie; detaillierte bibliografische Daten sind im Internet über http://dnb.ddb.de abrufbar.

Umschlaggestaltung: www.coverdesign.net
Umschlagfoto: © Zen Sekizawa/Getty Images
Redaktion: Friederike Waldorf
Satz: Redline GmbH, S. Wilhelmer
Druck- und Bindearbeiten: Himmer, Augsburg
Printed in Germany 06200/070503
ISBN 3-636-06200-X

Für dich

Viele Menschen sind deshalb einsam,
weil sie Dämme bauen statt Brücken.

Maurice Chevalier (1888–1972)

Stille

irgendwer sucht mich
stille
wer sucht mich
stille
sucht mich
stille
ich

Gerhard Rühm (* 1930)

Inhalt

Einführung

Zeitluxus, der schmerzt

Einsamkeit ist ein Zustand, den viele als erdrückend wahrnehmen und in dem sie sich leer, traurig und nutzlos fühlen. Es ist ein tristes Gefühl, das wir alle kennen und das Dichter und Denker seit jeher in Worte kleiden. So vergleicht der Poet Rainer Maria Rilke Einsamkeit mit Regen[1], während der Schriftsteller Thomas Bernhard von einem „schwarze[n] verheerenden, Ekel erregenden stinkenden Sumpf" spricht[2] und Peter Handke in seinem Roman *Don Juan* folgende Worte findet: „Die Einsamkeit fraß nach seinem Gehen an mir, ja, fraß, und fraß, und fraß; und ich sah mich als einen der Todkranken der Gegend ..."[3]

Die Einsamkeit hat viele Gesichter und etwa fünf bis zehn Prozent der Deutschen kennen sie als ständigen Begleiter. Singles zum Beispiel fühlen sich leer, weil sie kein Pendant haben, Partner, weil sie Lichtjahre entfernt von der Person leben, mit der sie ihr Leben teilen. Auch Menschen in Umbruchsituationen erfahren diese Tristesse etwa in persönlichen Krisen, nach dem Verlust eines geliebten Menschen, der Geburt eines Kindes oder einem Wechsel des Wohnorts, wenn soziale Strukturen aufbrechen. Trotz dieser scheinbar verschiedenen Ausprägungen dieses Phänomens vermisst die Mehrheit der Betroffenen erfüllende Sozialkontakte beziehungsweise emotionale Nähe, Geborgenheit und Liebe. Nur wenn unsere Erwartungshaltungen, unsere Wünsche im Hinblick auf Gemeinsamkeit nicht erfüllt werden, so fanden Forscher bei einem Isolationsexperiment heraus, fühlen wir uns einsam und verlassen. Denn grundsätzlich hat Alleinsein etwas Positives, es lässt uns zu uns selbst finden und schenkt uns Kraft und Durchblick – aber dazu an späterer Stelle mehr. Wie es genau zu Einsamkeit kommt, ob bestimmte Persönlichkeitsstrukturen zugrunde liegen, ab wann gesundheitliche Risiken lauern und vor allem wie der Weg aus dieser Sackgasse aussieht, das will dieses Buch klären – auf der Grundlage von Gesprächen mit Einsamkeitsforschern sowie Psychologen, Soziologen und Menschen, die diese Herausforderung bereits erfolgreich bewältigt haben.

Anstoß, mich intensiver mit diesem Thema zu beschäftigen, gab die Recherche für mein vorhergehendes Buch *Liebe auf Distanz* (erschienen im mvg Verlag). Um herauszufinden, wie es gelingt, Wochenendbeziehungen zu meistern, interviewte ich jede Menge Betroffene und stellte fest: Viele hatten – obwohl sie glücklich liiert waren – Probleme, ihre Zeit unter der Woche sinnvoll zu nutzen. Sie hockten miesepetrig zu Hause und verfluchten ihre Situation. Einsamkeitsgefühle waren nach Eifersucht der zweitgenannte Nachteil solcher Beziehungen. Das ließ mich aufhorchen, da ich selbst seit Jahren gut mit diesem Paarmodell klar komme und den Luxus, über meine Zeit unter der Woche frei verfügen zu können, sehr genieße.

Sicherlich kenne ich auch einsame Momente, wenn etwa an manchen Tagen beruflich einfach nichts klappt und ich in meinem Home-Office trüben Gedanken nachhänge. Aber mit einem Telefonat oder einem Treffen mit Freunden gelingt es mir, diese Frust-Schraube schnell zu durchbrechen. Nicht so in San Sebastián. Nachdem klar war, dass ich dieses Buch schreiben würde, zog ich mich im Sommer vergangenen Jahres in die baskische Stadt zurück, um einen Spanischkurs zu besuchen und um mich bewusst – mit einer Vielzahl Bücher im Gepäck – auf die Erfahrung Einsamkeit einzulassen. Ich wohnte bei einer Spanierin, die mir über die Sprachschule vermittelt wurde und die mit ihrer umwerfenden Erscheinung – Twiggy-Figur, blondierte Locken, Reibeisenstimme und trinkfest bis zum Morgengrauen – einem Pedro-Almodóvar-Film entstiegen hätte sein können. Marian war 100-prozentig anders als ich, aber herzensgut und mit einer Engelsgeduld gesegnet. Sie war meine einzige Ansprechpartnerin, neben den Lehrern in der Schule und meinem Freund, mit dem ich gelegentlich telefonierte. Denn ich vermied es, mich mit den Studenten auszutauschen, und ging nach fünf Stunden Unterricht mit einem meiner Bücher allein an den Strand. Treffpunkte am Strand oder in Tapas-Bars suchte ich nicht auf, und bald fragte mich selbst der Hartgesottenste nicht mehr, ob ich abends noch auf einen Drink mitkommen wollte. Auch Sonnenbrille und die Rühr-mich-nicht-an-Maske, die ich am Strand gegen flirtwillige Beachboys aufsetzte, erfüllten hervorragend ihren Zweck; bis auf einen spanischen Rentner sprach mich in diesen drei Wochen keiner an.

Was daraufhin passierte, war erstaunlich: Auch wenn ich abends gelegentlich mit Marian und ihren Freunden wegging, Spanisch sprach und Spaß hatte, fühlte ich mich immer mehr in einer seltsamen Starre, einem emotionalen Niemandsland – leer und niedergeschlagen. „Es ist, als wäre ich zu einer kleinen, grauen, asozialen Assel mutiert", schrieb ich in mein Notizbuch. Und als ich wenig später Jonathan Franzens *Anleitung zum Einsamsein* am Strand las, umgeben von vergnügtem Jungvolk, das an der Atlantikküste San Sebastiáns seinen Urlaub verbrachte, wurde ich bei einem aufziehenden Gewitter so frustriert, dass ich, einem Heulkrampf nahe, auf der Stelle sterben wollte. Das war ein fürchterlich düsterer, nahezu auswegloser Augenblick. Denn wenn man sich so gegen seine Umwelt abschottet, fällt es sehr schwer, diese Rolle abzustreifen und wieder auf Menschen zuzugehen. Schließlich haben sich auch die anderen eine Meinung gebildet, und diese wieder umzupolen, ihnen zu zeigen, dass man doch anders ist, kostet doppelt Kraft.

Einige von Ihnen werden jetzt vielleicht denken: Was will die denn mit diesem Experiment erreichen, was soll das zeigen? Aber so funktioniert das Prinzip Einsamkeit: Man kapselt sich ab, zieht sich zurück – aus welchem Grund auch immer, ob aus Unsicherheit, aus Angst, verletzt zu werden, oder weil andere den eigenen Ansprüchen nicht genügen – und zieht Mauern um sich herum hoch. Doch jeder hat es in der Hand, das zu ändern, meint Einsamkeitsforscher Reinhold Schwab. Jeder kann aktiv dagegen angehen (wie Kapitel 3 dieses Buches eindringlich zeigt) und Schritt für Schritt aus seinem selbst geschaffenen Elfenbeinturm, seinem Käfig ausbrechen.

Alleinsein besitzt dann nicht mehr die Fratze des Ausgestoßenseins, sondern wird zum Zeitluxus, in dem man zu sich selbst finden kann. Denn „Nichts kann ohne Einsamkeit entstehen", erklärte schon der Künstler Pablo Picasso und meinte damit, dass er sich eine Einsamkeit geschaffen hätte, die niemand ahnt. „Es ist nur schwer heute, allein zu sein, weil es Uhren gibt", so der Maler.[4] Nicht nur um seine Kreativität voll auszuschöpfen, sondern auch um in Ruhe Kraft und Lösungsansätze für seine Probleme zu finden, dazu braucht man den selbst gewählten, gelegentlichen Rückzug. Aus diesem Grund begaben sich bereits in frühen Zeiten Eremiten und Mönche in Klausur. In bestimmten Religionen, etwa dem Buddhismus, gehört das Alleinsein auch heute noch zum Glaubensgrundsatz, genauso wie die Meditation. Die Meditation, dieses kontemplative In-sich-Gehen, soll sogar laut Erkenntnissen der Neurowissenschaft das Immunsystem stärken, die Selbstheilungskräfte des Menschen anregen und helfen, Ängste abzubauen. Was an dieser großen Kraft des „All-Eins-Seins" dran ist, das will Kapitel 4 klären. Interessant ist außerdem, dass Einsamkeit einst als positiv, klärend und Sinn gebend verstanden wurde. So ist es nicht erstaunlich, zu entdecken, dass sich der Begriff „einsam" im 15. Jahrhundert aus einer Verkürzung des positiv erlebten Wortes „allein" durch Paarung mit „sam" (von gleicher Beschaffenheit) entwickelte und sich durch Luthers Bibelübersetzung verbreitete.[5] Erst im Laufe der Zeit bekam er diesen negativen Beigeschmack des Vermissens von Liebe, Nähe, Bestätigung und Geborgenheit.

Ich wünsche Ihnen nun viel Spaß beim Lesen und hoffe, Ihnen in den nachfolgenden Kapiteln Anregungen geben zu können, wie Sie Einsamkeit in Zukunft meistern.

1. Kapitel

Einsamkeit – das große Tabu und was sich dahinter verbirgt

Einsamkeit – damals und heute: Zeit zur Selbstfindung oder Fratze des Ausgestoßenseins?

Wie viele menschliche Empfindungen ist Einsamkeit Zeitströmungen unterworfen und wurde in unterschiedlichen Zeiten unterschiedlich betrachtet und gewichtet. Das macht eine Reise durch die Geistes- und Kulturgeschichte deutlich. Sie zeigt, dass der Begriff durch den Rückzug der Mönche und Anachoreten (griechisch-lateinisch: zurückgezogen Lebender; Klausner, Einsiedler; 3.–5./6. Jahrhundert n. Chr.) per se von Dichtern und Denkern positiv gewertet wurde: als spirituelle Erfahrung im Sinne einer Zweisamkeit des Individuums mit Gott oder mit sich selbst (mehr dazu siehe Kapitel 4). Eine Betrachtung, die sich vom Mittelalter bis zur Aufklärung hielt, Epochen, in denen andere Probleme wie Krieg, Pest oder Unterdrückung im Mittelpunkt standen und drängendere Fragen aufwarfen.

Mit der Renaissance, dem Aufkommen rationaler Weltbilder und der anschließenden Säkularisierung wurde Einsamkeit immer mehr zu einer leidvollen Erfahrung. In der Empfindsamkeit entwickelte sie sich zur Innerlichkeit des auf sich zurückgezogenen, von der Umwelt isolierten Ichs, verbunden mit Gefühlen der Schwermut, des Leidens und der differenzierten Selbstwahrnehmung. Besonders beeindruckend verleiht Jean-Jacques Rousseau diesem Empfinden in seinem Buch *Träumereien eines einsamen Spaziergängers* (1782) Ausdruck: „Die Menschen haben mir so viel Verachtung eingeflößt, dass mir der Umgang mit ihnen fade, ja lästig erschiene, und ich bin in meiner Einsamkeit hundertmal glücklicher, als ich es in ihrer Mitte sein könnte ... Damals hatte ich gerade jede Hoffnung auf diese Welt verloren, weil ich hienieden keine Nahrung mehr für mein Herz fand. Nach und nach gewöhnte ich mich daran, es aus seiner eigenen Substanz zu speisen und mit dem zu sättigen, was in mir war ...“[6]

Im 19. Jahrhundert wurde der Wert der Einsamkeit in der Möglichkeit des Selbstseins, der Selbstwerdung des Individuums und in seiner Freiheit gesehen, die auch ihre Schattenseiten besitzt. So läutet Fjodor Dostojewskij mit seinen einsamen Helden, etwa dem nach Liebe suchenden Ich-Erzähler in *Helle Nächte* (1848) oder dem schizophrenen Doppelgänger (1846) einen neuen Trend ein, dem immer mehr Autoren der neueren Literatur folgen: Gustave Flaubert etwa lässt seine Madame Bovary (1856/57) in ihrer Selbstsuche scheitern; Doktor Faustus in Thomas Manns gleichnamigem Roman (1947) entfremdet sich durch seine Hingabe an die Musik und den Pakt mit dem Teufel immer mehr von seiner Umwelt und erliegt schließlich dem Wahnsinn. Rudolf, der Ich-Erzähler in Thomas Bernhards Roman *Beton* (1982), zieht sich angewidert von der „Hölle des Alleinseins“ nach Mallorca zum Schreiben zurück und begeht dort vermutlich Selbstmord. Zu diesem wird auch die vereinsamte 51-jährige Hausfrau in Peter Handkes Buch *Wunschloses Unglück* (1973) getrieben, während Veronique Olmis allein erziehende Mutter in *Meeresrand* (2002) in ihrer Ausweglosigkeit ihre zwei kleinen Kinder tötet. Mit sozialer Isolation, Entfremdung und Verlust des Glaubens, der inneren Werte, haben die literarischen Alter Egos in Moderne und Postmoderne zu kämpfen. Folglich ist davon auch der Einsamkeitsbegriff bestimmt, dessen negative Ausprägung zum Beispiel der US-amerikanische Maler Edward Hopper (1882–1967) fast programmatisch in Szene setzt. In seinen Bildern stellt er einsame, erschöpfte Menschen dar, umgeben von unbelebten, leeren Räumen.

Soziologisch wird dieser Wandel als Folge der Industrialisierung und Auflösung der Großfamilie beziehungsweise der Anonymität großstädtischer Wohn- und Lebensformen interpretiert, als Verlust der Orientierung gepaart mit einem neuen Konkurrenzdenken. Dazu kommt eine zunehmende Mobilität, die der Globalisierung und der neuen Arbeitsmarktsituation nicht nur High Potentials abverlangt. Nicht zu vergessen die ichbestimmte Lebenskonstruktion mit ihren Eckpfeilern Selbstverwirklichung und Selbstfindung, die das Single-Leben hochleben lässt und ein neues Partnerideal schafft. Lassen sich zwei Menschen auf eine gemeinsame Beziehung ein, wollen sie nicht mehr ausschließlich zum Wir verschmelzen. „Nein. Durch die neue Bedeutung der Autonomie, der Selbstständigkeit jedes Einzelnen möchte jeder neben einem gemeinsamen Wir auch sein eigenes Ich leben", erklärt der Mainzer Soziologieprofessor Norbert Schneider.[7] Die Kehrseite der Medaille ist eine stetig steigende Scheidungsrate, die, wie Zahlen des Statistischen Bundesamtes belegen, in den letzten fünf Jahren um mehr als zehn Prozent zugenommen hat.

Im narzisstischen Streben nach Autonomie um jeden Preis sieht der französische Philosoph Gilles Lipovetsky jedoch das Symptom einer an Depression grenzenden krankhaften Apathie. Die Personalisierung verstärkt nach seiner Ansicht die Destabilisierung: „Sie führt zu einer ganz und gar augenblicksbezogenen Existenz, einer totalen, sinn- und zwecklosen Subjektivität, die dem Taumel ihrer Selbstverführung ausgeliefert ist. Der Einzelne, in das Ghetto seiner Botschaften eingesperrt, steht jetzt ohne transzendenten Halt (politischer, moralischer oder religiöser Art) vor seiner Sterblichkeit."[8] Die Folge: Sinnverlust, den der Einzelne immer länger auszuhalten hat, da das Lebensalter der Bevölkerung der Industrieländer ansteigt. Heute liegt es in Deutschland bei durchschnittlich 81,2 Jahren (Frauen) und 75,4 Jahren (Männer). Vielleicht arbeiten deswegen in den USA gerade mehr als ein Dutzend Wissenschaftler an der Chicagoer Untersuchung *Soziale Isolation, Einsamkeit, Gesundheit und Alterungsprozess*, die das National Institute on Aging bis 2006 veröffentlichen wird und mit 7,5 Millionen US-Dollar fördert. „So viel Aufwand hat die Wissenschaft wohl nie zuvor dem Thema Einsamkeit angedeihen lassen", schreibt Ines Possemeyer dazu in ihrer Titelgeschichte *Einsamkeit* im Wissenschaftsmagazin *Geo.*[9]

Andererseits jedoch bleibt die Zahl der Einsamen, so der einstimmige Tenor der deutschen Experten, in Deutschland seit Jahren konstant. „Sicherlich entsteht durch den Selbstverwirklichungsdrang jedes Einzelnen eine soziale Atomisierung und sicherlich verlangt der Arbeitsmarkt heute mehr Mobilität", meint Psychologieprofessor Bernd Röhrle, der ebenfalls zwischen der Universität in Marburg und seinem Wohnort in Reutlingen pendelt. Doch haben gerade Vielreisende in seinen Augen Strategien entwickelt, das Risiko möglicher Vereinsamung zu minimieren. Etwa, in dem sie auf Reisen flüchtigen Begegnungen nach 15 Minuten intimste Dinge anvertrauen – „soziale Kontakte in einem mobilen Kontext aufbauen", so die Einschätzung des Wissenschaftlers. Wesentlich zielgerichteter versucht eine Vielzahl von Partnerbörsen im Internet bedürfnisgenau beim richtigen Verbandeln zu helfen, schließlich hoffen 75 Prozent der 11,2 Millionen paarungsfähigen deutschen Singles (zwischen 18 und 69 Jahren) auf Zweisamkeit.[10] Und der Philosoph Peter Sloterdijk betont: „…dass das Paar gegenüber dem Individuum die wirkliche Größe darstellt – was zugleich bedeutet, dass die Wir-Immunität gegenüber der Ich-Immunität das tiefere Phänomen verkörpert. In einer Zeit, die auf Elementarteilchen und die Individuen schwört, versteht sich eine solche These nicht von selbst ...“[11] Dass wir tatsächlich wieder mitmenschlicher Annäherung entgegendriften, erklärt auch ein aktueller Report zu soziokulturellen Schlüsseltrends.[12] Dieser sieht die so genannte „Selfness“ mit ihrem Bedürfnis nach Eigenexploration bis 2010 als beendet und meint, die neue Zukunft gehöre der „Mindness“: Ausgelöst durch mentales Unglück suche der Mensch nach geistiger Klarheit, nach Bewusstseinserweiterung und mehr Kontrolle des Selbst durch „illusionslosen Optimismus“. Aus diesem Grunde würden in Deutschland bereits die ersten Salons und Debattier-Clubs zum gemeinsamen Austausch entstehen.

Angst vor Solo-Blues? Eine Bestandsaufnahme

Zum Thema Angst befragte das Sozialforschungsinstitut Forsa im März 2003 über 1.000 Bundesbürger mit dem Ergebnis: Hinter Kriegsängsten, Furcht vor unheilbarer Krankheit und dem Verlust des Partners beziehungsweise dem Tod eines Kindes folgt die Angst vor Einsamkeit. 30 Prozent der Deutschen haben sich hierzu bekannt – nämlich in folgender Weise:

Angst vor Einsamkeit	
Insgesamt	30 %
Ost	33 %
West	29 %
Männer	32 %
Frauen	28 %
18 bis 29 Jahre	28 %
30 bis 44 Jahre	29 %
45 bis 59 Jahre	28 %
60 Jahre oder älter	33 %
Hauptschule	38 %
Mittlere Reife	28 %
Abitur, Studium	24 %

(Quelle: Forsa, 1.006 Befragte)

Zu einem etwas abgeschwächteren Fazit kommt eine aktuelle Umfrage des Meinungsforschungsinstituts Emnid. Von 1.000 Deutschen zwischen 40 und 59 Jahren, die zu Ängsten im Hinblick auf das Alter interviewt wurden, nannten 45 Prozent der Befragten Pflege als große Sorge, gefolgt von gesundheitlichen und finanziellen Bedenken. Eine Angst vor Einsamkeit gaben neun Prozent an. Verständlich, dass in der aktuell angespannten Lage, in der jeder den Gürtel enger schnallen muss und viele um ihren Arbeitsplatz bangen, die Renten-, Pflege- und Armutsdiskussion höher gehängt wird.

Was genau ist Einsamkeit? Versuch einer Definition und Abgrenzung gegenüber dem Alleinsein

Und so verspürte G. jene Einsamkeit,
die das Los der Menschen ist, und nicht mehr
die frei gewählte, selbstgenügsame des Bewusstseins,
für die er sie gehalten hatte ..."

Eric-Emmanuel Schmitt aus *Die Schule der Egoisten* (2004)[13]

Wenn ich von meinem neuen Buchprojekt zum Thema Einsamkeit erzählte, wich ein Großteil der Menschen reflexartig zurück. „Du liebe Güte!", entfuhr es einer Bekannten, und sogar Freunde sahen mich kurz schräg von der Seite an und wünschten mir dann für meine Recherchen alles Gute – manche mit dem gut gemeinten Ratschlag: Ich solle um Himmels willen nicht abrutschen (in die Dunkelheit dieser Emotion). Fragte ich Menschen, die ich im Verdacht hatte, einsam zu sein, ob sie nicht jemanden für ein Interview wüssten, verneinten sie brüsk. Zu sagen „Ich bin einsam" ist immer noch ein großes Tabu: „Einsamkeit ist eine Quelle der Scham, des Wegblickens, der Verleugnung, Ausdruck sozialen und persönlichen Versagens und weckt in anderen vermutlich Ängste vor eigener Einsamkeit", beobachtet der Psychologe Eberhard Elbing von der Universität München.[14] Die Einsamkeit passt nicht in unsere Spaß- und Leistungsgesellschaft und Betroffene haben den Ruch des Losers, des Psychopathen, der es nicht schafft, Freunde oder einen Partner zu gewinnen.

Was aber definiert den anscheinend so negativ besetzten Begriff „Einsamkeit"? Über Kofi Annans einsamen Kampf gegen die amerikanische Rechte schrieb jüngst der *Spiegel*[15] und berichtete in einem anderen Artikel darüber, dass ein IQ von 130 nicht schlau, sondern einsam mache[16], während die

Frankfurter Allgemeine Zeitung den Tod des tschetschenischen Untergrundpräsidenten Aslan Maschadow als einsam bezeichnete.[17] Eine tragische Figur scheint jeder „einsame Held“, der sich gegen unpopuläre Lösungen, Klassenschranken, Ungerechtigkeiten aller Art einsetzt. Das trifft nicht nur auf Politiker, Genies oder Wirtschaftsbosse zu, sondern auch auf Prominente und Kunst-Figuren wie Fjodor Dostojewskijs *Doppelgänger* oder die Comic-Figur des Silver Surfers. Doch drückt das Adjektiv „einsam“ nicht immer nur bemitleidenswerte Handlungen oder Ausgeschlossensein aus. Im Zusammenhang mit Leistung wie „Das war einsame Spitze!“ ist es ein Alleinstellungsmerkmal und krönt Herausragendes beziehungsweise färbt Landschaftsbeschreibungen positiv: Eine „einsam verschneite Winterlandschaft“ versinnbildlicht kein bedrückendes Lebensgefühl, sondern unterstreicht eine besondere Einzigartigkeit, Ruhe und Größe. Diese Unterscheidung legt nahe, dass Einsamkeit in Bezug auf den Menschen und sein Grundbedürfnis nach Zugehörigkeit grundsätzlich als negativ empfunden wird und hier die Wurzel des Übels, der Leidensdruck liegt. Das bestätigt die moderne Einsamkeitsforschung, die den Begriff folgendermaßen definiert: „Einsamkeit ist eine unangenehme Erfahrung, die sich ergibt, wenn das soziale Netzwerk eines Menschen entweder qualitativ oder quantitativ unzureichend ist“, erklärt Psychologe Bernd Röhrle. Sein Kollege, der Hamburger Psychologieprofessor Reinhold Schwab, formuliert: „Einsamkeit ist das quälende Bewusstsein eines inneren Abstandes zu anderen Menschen und die damit einhergehende Sehnsucht nach Verbundenheit in befriedigenden, Sinn gebenden Beziehungen.“ Der österreichische Soziologe Leopold Rosenmayr geht noch weiter und sagt: „Einsamkeit hängt nicht allein davon ab, wie viele soziale Kontakte wir besitzen. Das Gefühl der Einsamkeit entsteht, wie Untersuchungen zeigen, auch, wenn Menschen keine inneren Ziele und keine Perspektiven für ihre Lebensgestaltung haben.“ Wichtig sei es, das Gefühl als Botschaft zu sehen und sich die Zeit zu nehmen, zu sich selbst zu finden.[18] Der sogenannte „einsame Wolf" hat sich selbst gefunden und lebt seine Bedürfnisse kompromisslos aus. Dieses Bild bezeichnet eine Person, gegenüber der wir eine Spur Mitleid empfinden aufgrund ihres Getrieben seins und vielleicht wegen ihres unabhängigen, geradlinigen Lebensprinzips Bewunderung zollen. Es ist somit der Ausnahmefall.

Grundsätzlich darf Einsamkeit nicht mit **Alleinsein** gleichgesetzt werden, betont Experte Schwab, auch wenn dies gerade für Einsame oft schwer zu ertragen ist. Denn während Einsamkeit eine negative Form des Erlebens von Verzweiflung, Ausgegrenztsein, Depression, ungeduldiger Langeweile und Selbstabwertung darstellt, die auch im Beisein anderer Personen auftreten kann, definiert er Alleinsein als gefühlsneutral erlebte Zeit ohne unmittelbaren sozialen Bezug. Andererseits fand ein Sprachtest heraus, dass es im Deutschen keinen Ausdruck für positiv erfahrenes Alleinsein gibt, da dies nur zum Teil so empfunden wird (während Einsamkeit grundsätzlich negativ besetzt ist).[19]

Anders verhält es sich in der französischen und englischen Sprache. Hier umschreibt das Wort „solitude" die Erfahrung von Freiheit und Autonomie, von Selbstbegegnung oder Selbstvergessenheit in der freiwillig gesuchten Situation des Alleinseins. „Isolement" beziehungsweise „loneliness" sind dagegen ganz klar negativ besetzt. Ähnlich verhält es sich im spanischen Sprachraum mit „aislamiento" und „soledad", wobei Soledad sogar ein beliebter Mädchenname ist.

Um keine unnötige Verwirrung zu erzeugen, werde ich in diesem Buch den Begriff „Einsamkeit" im Kontext der negativen Ausprägung verwenden, wenn ich vom Isoliertsein spreche. Bei „Alleinsein" beziehe ich mich auf die positive Ausprägung der freiheitlich gewählten Situation, in die sich der Einzelne zum Lesen, zum Spazierengehen, zum Radfahren etc. – also zum Für-sich-Sein zurückzieht. Mit einer kleinen Ausnahme: In Kapitel 2 habe ich bei der Formulierung der Fragebögen bewusst auf eine klare Differenzierung verzichtet, um den Befragten größtmöglichen Spielraum bei der Beantwortung zu lassen.

Ein vielgesichtiges Phänomen: Soziale, emotionale, existenzielle Sehnsucht und frei gewähltes Alleinsein

Einsamkeit ist komplex und tritt in verschiedenen Situationen und Formen auf. Um das Ganze nicht zu sehr zu verkomplizieren, möchte ich in vier Kategorien unterscheiden:

1. **Soziale Einsamkeit:** Betroffene fühlen sich sozial isoliert, finden, dass sie nicht genügend beziehungsweise befriedigende Kontakte zu anderen Menschen besitzen. „Ein Defizit, das besonders dann auftritt, wenn mangelnde soziale Kompetenzen zu Grunde liegen oder ein Verlusterlebnis, etwa der Tod des Partners, Umzug in eine andere Stadt etc.“, erklärt Experte Röhrle. Auch Ausländer kennen diese Form der Einsamkeit gepaart mit sprachlich-kulturellen Hürden (= interkulturelle Einsamkeit).
2. **Emotionale Einsamkeit:** In diesem Fall fehlt emotionale Nähe oder die Fähigkeit, mit jemandem eine enge Beziehung eingehen zu können. Diese Art der stillen Sehnsucht betrifft vor allem Menschen, die eine bestimmte Idealvorstellung von ihrem Partner in spe haben, die sich nicht erfüllt.
3. **Existenzielle Einsamkeit:** Ausgelöst durch Sinnkrisen stellen Menschen fest, keine inneren Ziele und Perspektiven für ihre Lebensgestaltung zu besitzen. Das kann auch den eigenen Job betreffen oder wenn man sich in seiner Beziehung plötzlich fremd beziehungsweise amputiert vom Partner fühlt. Ähnlich manifestiert sich auch eine Form von Tristesse gegenüber kulturellen, gesellschaftlichen oder moralischen Werten beziehungsweise ein Gefühl von Vergänglichkeit verknüpft mit Frustration gegenüber der eigenen Bedeutungslosigkeit.

4. **Alleinsein:** Definiert eine frei gewählte „Einsamkeit", in der zum Beispiel Mönche oder Meditierende die Brücke zum Göttlichen suchen. Für Bergsteiger, Künstler oder Wissenschaftler ist das räumliche Abgeschiedensein von anderen Grundlage ihrer Arbeit, des kreativen Prozesses, des Forschens. Allerdings kann dieser Zustand innerhalb solcher Berufsgruppen auch zu einer Vereinsamung führen. „Wenn sie nicht zu eigener Tiefe gelangen, verkümmern, verbittern sie", beschreibt Pater Johannes, Leiter des Dietfurter Meditationshauses, ein gewisses Risiko, das dem existenziellen Rückzug anhaftet.

Ursachen/Risikofaktoren: Was Einsame von Nicht-Einsamen unterscheidet – ein Steckbrief

Es gibt verschiedene innere und äußere Ursachen, die dazu führen, dass manche Menschen leichter in die Einsamkeitsfalle geraten als andere. Hier eine Auflistung der Stolpersteine:

- **Innere Ursachen:** Wissenschaftler gehen davon aus, dass Einsamkeit vor allem mit der frühkindlichen Entwicklung zusammenhängt, insbesondere der Bindungsentwicklung. Die Erfahrungen, die das Kleinkind mit seiner Bezugsperson macht, prägen es grundlegend und lassen Vorhersagen zu, wie es als Erwachsener Begegnungen mit anderen einschätzen wird und für wie wertvoll es sich selbst empfindet, um Liebe und Zuneigung zu erhalten. Die US-amerikanische Psychologin Kim Bartholomew unterscheidet vier verschiedene Bindungstypen:
  1. Der sichere Typ. Er hat keine Probleme, enge Bindungen einzugehen, auf andere angewiesen oder für andere da zu sein. Ängstigt sich nicht, keinen Partner zu haben oder nicht akzeptiert zu werden; er besitzt das geringste Einsamkeitsrisiko.

2. Der anklammernde Typ leidet ohne feste Beziehung. Er möchte sich mit seiner Umwelt eins fühlen und sorgt sich, nicht ausreichend geschätzt zu werden; er hat ein mittleres Einsamkeitsrisiko.
3. Der ängstliche Typ wünscht sich enge Bindungen. Ihm fällt es allerdings nicht leicht, anderen zu vertrauen oder abhängig zu sein. Aus Angst, verletzt zu werden, lässt er kaum jemanden nah an sich heran; von Einsamkeit ist er am stärksten bedroht.
4. Der vermeidende Typ fühlt sich, wie der „Lonesome Cowboy“, ohne enge Beziehungen wohl. Er will auf niemanden angewiesen sein und möchte auch nicht, dass andere von ihm abhängig sind; er hat ein geringes Einsamkeitsrisiko und keine Probleme, viel Zeit mit sich selbst zu verbringen.

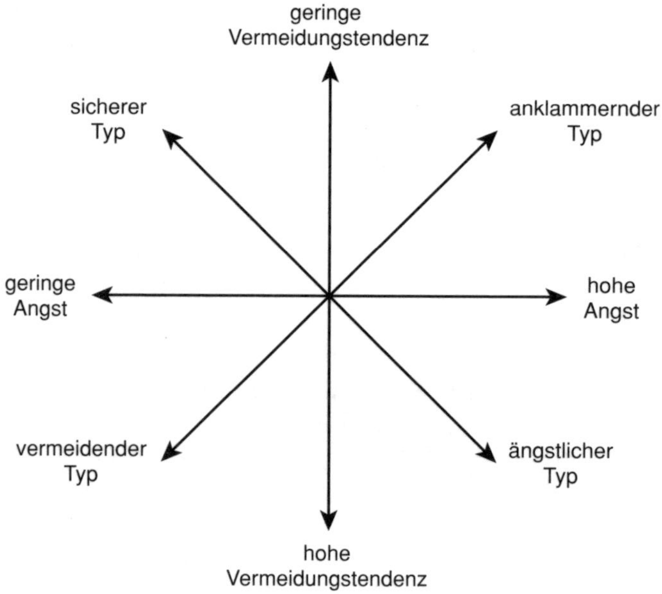

Wie Daten aus zwei amerikanischen Studien mit ein- und zweieiigen Zwillingen zur Einsamkeit bei Kindern zeigen, gibt es auch einen signifikanten Anteil an genetischer Veranlagung zu Einsamkeit. „Das heißt nicht, dass ein spezielles *Einsamkeitsgen* existiert", fasst Psychologe Schwab zusammen, „sondern dass das Phänomen Einsamkeit durch bestimmte Persönlichkeitsmerkmale vererbt wird. Die Einsamkeit disponiert negative Gefühls- und Gemütsformen sowie Depressivität." Einsame denken im Gegensatz zu Nicht-Einsamen oftmals schlecht über sich selbst, haben ein geringes Selbstwertgefühl, üben mehr Selbstkritik, sind oftmals schüchtern, haben mehr Angst vor Zurückweisung, sind sozial ängstlich und wenig umgänglich. Sie blicken mit weniger Optimismus und etwas mehr Wut auf die Welt, geben sich destruktiver und zynisch.

„Ich vermute, dass Einsame schneller innerlich erstarren, weil sie ihr Leben eher als Bedrohung und nicht als Herausforderung empfinden, und zwar permanent", sagt Einsamkeitsforscher John Cacioppo von der Universität Chicago.[20] „Denken Sie nur an Menschen in sozialen Situationen, die ihnen Angst machen. Sie stehen außerhalb der Gruppe, sind wie gelähmt und sprechen mit niemandem. Sie machen sich lieber unsichtbar, als dass sie Gefahr laufen, sich bloßzustellen", so Cacioppo.[21] Das bestätigt auch Reinhold Schwab, wenn er in seiner Abhandlung *Psychologie der Einsamkeit* über unangemessene Bewältigungsmechanismen schreibt, dass einsame Menschen seiner Meinung nach bei Problemen eher zu trauriger Passivität und sozialem Rückzug neigen, statt sich von anderen aufbauen und Ratschläge geben zu lassen. Außerdem sind sie weniger geübt im „konstruktiven Alleinsein".[22]

Mangelnde soziale Kompetenz ist der Grund, warum Einsame in Gesprächen mehr ihr eigenes Verhalten und die Reaktionen hierauf beobachten, als sich auf ihr Gegenüber zu konzentrieren. Dadurch findet einerseits mehr Selbstbewertung statt, andererseits weniger Rückmeldung. Ebenso sind Empathie (die Fähigkeit, sich in den anderen hineinzuversetzen) und Selbstöffnung bei ihnen weniger stark ausgeprägt als bei Nicht-Einsamen.

„Ein **überhöhtes Idealbild des Partners** behindert gerade junge Männer, ihr selbst gezimmertes Einsamkeitsgefängnis zu durchbrechen“, weiß Birgit Knatz. Sie ist stellvertretende Leiterin der Telefonseelsorge in Hagen und meint, dass 30 Prozent aller Anfragen die von Einsamen sind. Sie stammen von Leuten, die sich nach einem Partner, nach Integriertsein sehnen. Allen voran junge Männer zwischen 20 und 35 Jahren auf der Suche nach einer Freundin, gefolgt von verwitweten oder spät geschiedenen Seniorinnen, deren Kinder nicht in der näheren Umgebung leben. „Häufig sind diese Frauen verbittert darüber, dass sie so viel für die Familie getan, sich bemüht und gemacht haben und jetzt im Alter allein gelassen werden, sich niemand um sie kümmert“, berichtet Knatz. Neben dem Gefühl des Verlassenseins kommt hier noch das Lamentieren, die Wut, die – bevor man mit der eigentlichen Hilfe, der Stärkung des Selbstbewusstseins und dem Aufzeigen von Kontaktmöglichkeiten beginnt – erst einmal kanalisiert werden muss. Denn Männer finden gerade im Seniorenalter schneller wieder Anschluss oder melden sich erst gar nicht, da sie es nicht gelernt haben, über Ängste, Sorgen und Nöte zu sprechen. Den Helden zu spielen gehört zum Männerbild dieser Generation, so Knatz.

- **Äußere Ursachen:** Das **Lebensalter** ist ein weiterer Risikofaktor. Grundsätzlich sind ältere Menschen nicht von sich aus einsam, außer – wie eine Stichprobe unter 2.800 Amerikanern über 65 Jahren herausfand – wenn sie keine „soziale Erfüllung“ finden. Das heißt, dass sie nicht „genügend Freunde“ und „genug zu tun haben“ sowie sich „zu wenig gebraucht fühlen“.[23] Der Gesundheitszustand spielt außerdem eine Rolle, insbesondere wie stark der Einzelne in seiner Mobilität beziehungsweise seiner Selbstständigkeit einschränkt ist. Nicht nur Senioren, sondern auch Kinder kennen Einsamkeit etwa kurz vor beziehungsweise nach dem Schuleintritt. Jugendliche haben meist heftig damit zu kämpfen, wenn sie zum ersten Mal mit starken Gefühlen wie Verliebtheit und Identität konfrontiert werden und diesen emotionalen Ausnahmezustand aufgrund mangelnder Erfahrung sehr einsam durchleben.

Geschlecht und Schulbildung. Im Gegensatz zu Frauen geben Männer bei einer Pauschaleinschätzung ihrer Situation eher an, sich einsam zu fühlen. Bei einer konkreten Selbsteinschätzung mit aufgeschlüsselten Merkmalen signalisieren allerdings mehr Frauen stille Sehnsucht als Männer. Schwab vermutet, dass Einsamkeit bei Frauen weniger stark mit einem Stigma behaftet ist, als in der Vorstellung der Männer. Zur Schulbildung meint der Psychologe, dass Personen unterer Sozialschichten beziehungsweise mit geringerer Schulbildung tendenziell einsamer sind. Der Grund: Sie besitzen weniger Geld, um sich auch mal abzulenken und zu verwöhnen. Andererseits haben Besserverdienende gerade mit ihrem **Beruf** Probleme, da in führenden Positionen die Luft oder vielmehr das soziale Miteinander immer dünner wird. Häufig geht durch das starke zeitliche Engagement im Job auch der Bezug zum Partner und zur Umwelt verloren. Ähnliches gilt für Schriftsteller, Künstler oder Wissenschaftler. Berufsbedingt ziehen sich diese Gruppierungen zum Arbeiten und Forschen in ein stilles Kämmerlein zurück, welches leicht zum Elfenbeinturm werden kann.

In einen etwas anderen Turm eingeschlossen war Rapunzel, bevor sie – „das schönste Kind unter der Sonne" – von einem Prinzen aus den Fängen einer bösen Zauberin befreit wurde. Was wäre passiert, wenn sie picklig und hässlich gewesen wäre? Wie Studien belegen, geht ein gewisses Einsamkeitsrisiko auch vom Aussehen aus (wirklichem oder empfundenem, siehe dazu Seite 85), ähnlich wie von starkem **Übergewicht**.[24] Außerdem von **Krankheiten**, von **Behinderung** und von Lebensumständen, die Menschen zu **unfreiwilligem Single-Dasein** verdammen, wie etwa Scheidung, Tod eines Partners oder Umzug in eine andere Stadt.

Punktuelle und chronische Einsamkeit. Wann sollten die Alarmglocken klingeln und warum?

Sich **punktuell** einsam, nicht wahrgenommen und ausgeschlossen zu fühlen, diese Empfindung kennt jeder. Zum Beispiel, wenn wir zu einem geselligen Abendessen oder einem Geschäftstreffen eingeladen sind und uns die Themen oder die Menschen nicht interessieren. Oder der Gastgeber uns auf einer Party nicht vorstellt beziehungsweise wir beim eigenen Hallo von einem Zyniker zum Kasper gemacht werden. Auch in Umbruchsituationen empfinden wir punktuelle Einsamkeit, etwa wenn eine Beziehung ins Stocken geraten ist, wir einen Job ausüben, der uns keine Freude mehr bereitet, oder wenn bei einem Umzug in eine andere Stadt plötzlich Freunde und Freizeitpartner fehlen. Es gibt allerdings auch Zeiten, in denen punktuelle Sehnsuchtsgefühle Hochkonjunktur haben, beispielsweise zum Fest der Liebe, der Sentimentalität: „Zu Weihnachten und in der Adventszeit erleben vor allem junge Väter zwischen 35 und 45 Jahren, die frisch geschieden sind oder sich gerade von ihrer Familie getrennt haben, einen starken Einsamkeitsschub", weiß Telefonseelsorgerin Birgit Knatz.

„Oh, du bittere Weihnachtszeit!" – nach einer Umfrage der Offenbacher Marplan-Meinungsforschung verbringen knapp vier Prozent der Bundesbürger das Weihnachtsfest ganz alleine. Bei Frauen und Männern über 65 hat jeder Zehnte niemanden zum Feiern. Kein Wunder, dass Hollywoods Filmindustrie dieses Dilemma aufgriff. Im Kinofilm *Surviving Christmas* (2004) mietet Ben Affleck als einsamer Single-Mann eine Familie fürs Weihnachtsfest. Ähnlich drastisch erleben gerade Singles die Frühjahrs- und Sommerzeit, wenn die Hormone erwachen und sie, statt selbst einen Partner im Arm zu halten, in den Parks, Cafés und Restaurants turtelnde Pärchen sehen.

Doch bevor Sie sich in Selbstmitleid ergehen, reflektieren und handeln Sie! (Tipps siehe Kapitel 3.)

Doch wann mündet punktueller Frust in **chronische Isolation**? Je länger der Zustand andauert, umso leichter können aus einer „milden Form der Frustration“ immer stärkere Vereinzelungsgefühle erwachsen, meint Professor Schwab. Denn: Je einsamer jemand wird, desto ineffektivere Strategien wendet er zur Bewältigung seiner Situation an. Die Folge: vermehrte Passivität, Abwertung seiner selbst und anderer, innere Emigration. „... ich lebe nur mehr noch in der Selbstbeobachtung und in der Selbstbetrachtung und naturgemäß in der Selbstverdammung, und Selbstverleugnung und Selbstverspottung“, gesteht Thomas Bernhards Alter Ego in seinem Roman *Beton*.[25] Einsame verschanzen sich so sehr, dass selbst jene kaum zu ihnen durchdringen können, die ihnen wohl gesinnt sind. In Gesprächen vermeiden einsame Menschen entweder persönliche Themen oder verfallen ins andere Extrem und texten ihr Gegenüber ohne Punkt und Komma zu, zeigen kein Gespür für die Situation und die Bedürfnisse des anderen. Nach und nach zieht sich die Umwelt wirklich von ihnen zurück und die Einsamkeitsfalle schnappt zu, was auf Dauer zu gesundheitlichen Beeinträchtigungen wie psychosomatischen Erkrankungen führen kann, aber auch zu Depressionen, zu Bluthochdruck, zu Schlafstörungen, zu Essstörungen, zu Alkohol- und Drogenmissbrauch oder zu Schizophrenie. In manchen Fällen gipfelt chronische Einsamkeit gar im Selbstmord beziehungsweise einem erhöhten Mortalitätsrisiko.

Im Nebel

Seltsam, im Nebel zu wandern.
Einsam ist jeder Busch und Stein,
Kein Baum sieht den andern,
Jeder ist allein.

Voll von Freunden war mir die Welt,
Als noch mein Leben licht war,
Nun, da der Nebel fällt,
Ist keiner mehr sichtbar.

Wahrlich, keiner ist weise,
Der nicht das Dunkel kennt,
Das unentrinnbar und leise
Von allen ihn trennt.

Seltsam, im Nebel zu wandern,
Leben ist Einsamkeit
Kein Mensch kennt den andern,
Jeder ist allein.

Hermann Hesse (1877–1962)

„Doch können Einsamkeitsgefühle nur entstehen, weil wir uns ohnmächtig, ungeliebt, isoliert und minderwertig fühlen. Sie werden geschürt durch unsere Einstellungen, die wir gegenüber der Welt, uns selbst, unserer Lebenssituation und der Zukunft haben. Sie entstehen, wenn wir glauben, der Liebe und Anerkennung anderer zu bedürfen, oder wenn wir auf die Initiative anderer warten, dass sie uns mit Komplimenten, Lob und Zuspruch bedenken“, erklärt Psychologin Doris Wolf.[26] Erhalten wir solche Streicheleinheiten, fragen wir uns misstrauisch: „Warum ist der/die so gut zu mir? Meint sie das ernst, beziehungsweise was will er/sie bezwecken?“ Einsamkeitsgefühle entstehen außerdem, wenn wir uns damit zurückhalten, offen über unsere Gefühle zu reden, beziehungsweise nicht wagen, zu lieben, aus Furcht vor Verletzung und Kränkung oder weil wir einmal sehr gekränkt wurden.[27]

Viele einsame Menschen geben sich die Schuld für ihre Einsamkeit. Sie glauben, ihre Probleme seien unlösbar und ihre Zukunft hoffnungslos, dabei will ihnen ihr Gefühl nur zeigen, dass sie sich in einer Sackgasse befinden, dass sie kehrt machen und nach dem suchen sollten, nach dem sie sich sehnen. Nutzen Sie dieses Signal als Ansporn, und sehen Sie es als Chance, Ihr Leben zu ändern!

Bin ich einsam? – Ein Selbsttest

Um herauszufinden, ob jemand einsam ist, hat die Wissenschaft Fragebögen entwickelt, mit deren Hilfe sich eine Aussage über Einsamkeit und ihren Ausprägungsgrad machen lässt. Einer davon ist der Multidimensionale Einsamkeitsfragebogen des Hamburger Psychologieprofessors Reinhold Schwab:

Selbsttest: Ein Gradmesser der eigenen Einsamkeit

Im Folgenden finden Sie eine Reihe von Aussagen, die Ihre Beziehungen und Einstellungen zu anderen Menschen und zu sich selbst (soziale, emotionale Einsamkeit und die Unfähigkeit zum Alleinsein) betreffen. Bitte überlegen Sie bei jeder Aussage kurz, ob und wie stark Sie ihr zustimmen beziehungsweise diese ablehnen. Kreuzen Sie dann die entsprechende Antwort an, und wundern Sie sich nicht über die unterschiedliche Schriftform. Welche Bewandtnis es damit hat, erfahren Sie bei der Auflösung.

Multidimensionaler Einsamkeitsfragebogen

Dabei bedeuten:

Zustimmung

JA	dieser Aussage stimme ich vollkommen zu
ja	dieser Aussage stimme ich überwiegend zu
0	dieser Aussage stimme ich weder – noch zu, bin unentschieden

Ablehnung

NEIN	diese Aussage lehne ich vollkommen ab
nein	diese Aussage lehne ich überwiegend ab.

Die Zahlen hinter den Antwortmöglichkeiten beziehen sich auf die Punktzahl.

1. Ich fühle mich im Einklang mit mir selbst.
   JA (1) ja (2) 0 (3) nein (4) NEIN (5)
2. **Ich schaffe es nicht, Freunde zu finden.**
   JA (5) ja (4) 0 (3) nein (2) NEIN (1)
3. *Ich habe einen Menschen, der mir die Bestätigung gibt, die ich brauche.*
   JA (5) ja (4) 0 (3) nein (2) NEIN (1)
4. Wenn ich alleine bin, weiß ich meist nicht recht, was ich machen soll oder kann.
   JA (5) ja (4) 0 (3) nein (2) NEIN (1)
5. *Ich wünsche mir mehr sexuelle Verbundenheit mit (einem) anderen Menschen.*
   JA (5) ja (4) 0 (3) nein (2) NEIN (1)
6. **Ich habe oft die Gelegenheit versäumt, Bekanntschaften zu Freundschaften auszubauen.**
   JA (5) ja (4) 0 (3) nein (2) NEIN (1)
7. **Ich habe leicht ein Gefühl der Teilnahmslosigkeit und inneren Leere, wenn ich mit anderen Menschen zusammen bin.**
   JA (5) ja (4) 0 (3) nein (2) NEIN (1)

8. **Es gibt (fast) keine Menschen, mit denen ich mich wirklich eng verbunden fühle.**
JA (5) ja (4) 0 (3) nein (2) NEIN (1)
9. Es fällt mir schwer, Einsamkeit als etwas zum Leben Gehörendes zu akzeptieren.
JA (5) ja (4) 0 (3) nein (2) NEIN (1)
10. **Ich weiß nicht recht, wie ich die Kontakte zu anderen Menschen vertiefen kann.**
JA (5) ja (4) 0 (3) nein (2) NEIN (1)
11. **Die anderen legen meist keinen großen Wert auf meine Gesellschaft.**
JA (5) ja (4) 0 (3) nein (2) NEIN (1)
12. *Ich habe Vertrauen in meine Fähigkeit, eine befriedigende Partnerschaft aufzubauen.*
JA (1) ja (2) 0 (3) nein (4) NEIN (5)
13. Aus dem Alleinsein schöpfe ich neue Kraft.
JA (1) ja (2) 0 (3) nein (4) NEIN (5)
14. *Ich habe so viel mitmenschliche Geborgenheit, wie ich mir wünsche.*
JA (1) ja (2) 0 (3) nein (4) NEIN (5)
15. Wenn ich einsam bin, weiß ich mir nicht zu helfen.
JA (5) ja (4) 0 (3) nein (2) NEIN (1)
16. *Ich weiß, an wen ich mich wenden kann, wenn ich in Schwierigkeiten gerate.*
JA (1) ja (2) 0 (3) nein (4) NEIN (5)
17. **Ich fühle mich meist als Außenseiter, wenn ich mit einer Gruppe von Leuten zusammen bin.**
JA (5) ja (4) 0 (3) nein (2) NEIN (1)
18. **Es fällt mir im Allgemeinen leicht, Freundschaften zu schließen.**
JA (1) ja (2) 0 (3) nein (4) NEIN (5)
19. **Normalerweise ergreife ich die Initiative, wenn ich mit anderen etwas unternehmen will, anstatt darauf zu warten, dass mich jemand anspricht.**
JA (1) ja (2) 0 (3) nein (4) NEIN (5)

20. Auch wenn ich alleine bin, kann ich mich mit anderen Menschen eng verbunden fühlen.
JA (1) ja (2) 0 (3) nein (4) NEIN (5)

21. *Es gibt jemanden, der sich wirklich für mich interessiert.*
JA (1) ja (2) 0 (3) nein (4) NEIN (5)

22. **Letztlich bleibt immer ein unüberwindbarer Graben zwischen mir und den anderen Menschen.**
JA (5) ja (4) 0 (3) nein (2) NEIN (1)

23. Wenn ich alleine bin, fühle ich mich rasch einsam.
JA (5) ja (4) 0 (3) nein (2) NEIN (1)

24. *Ich habe eine befriedigende Partnerbeziehung zu einem Menschen, der mir etwas bedeutet und dem ich auch etwas bedeute.*
JA (1) ja (2) 0 (3) nein (4) NEIN (5)

25. **Meine Kontakte zu anderen Menschen sind im Allgemeinen so tief gehend, wie ich es mir wünsche.**
JA (1) ja (2) 0 (3) nein (4) NEIN (5)

26. **Mir fehlen Leute, mit denen zusammen ich mich vergnügen kann.**
JA (5) ja (4) 0 (3) nein (2) NEIN (1)

27. *Ich vermisse einen Menschen, mit dem ich meine Sorgen und Freuden teilen könnte.*
JA (5) ja (4) 0 (3) nein (2) NEIN (1)

28. Alleinsein ist für mich etwas Schlimmes.
JA (5) ja (4) 0 (3) nein (2) NEIN (1)

29. *Bisher hat mir auch in meinen engsten Beziehungen die eigentliche Verbundenheit gefehlt.*
JA (5) ja (4) 0 (3) nein (2) NEIN (1)

30. **In der Regel finde ich einen Zugang zu anderen Menschen, wenn ich dies möchte.**
JA (1) ja (2) 0 (3) nein (4) NEIN (5)

31. Ich habe gute Möglichkeiten, mir Alleinsein so angenehm wie möglich zu gestalten.
JA (1) ja (2) 0 (3) nein (4) NEIN (5)

32. *Es gibt Menschen, für deren Wohlbefinden ich wichtig bin.*
JA (1) ja (2) 0 (3) nein (4) NEIN (5)

33. Zu viel Nähe zu anderen Menschen ist mir unbehaglich.
JA (5) ja (4) 0 (3) nein (2) NEIN (1)

34. *Meine Liebesbeziehungen sind selten von langer Dauer.*
JA (5) ja (4) 0 (3) nein (2) NEIN (1)

35. Ich habe mindestens einen guten Freund bzw. eine gute Freundin.
JA (1) ja (2) 0 (3) nein (4) NEIN (5)

36. Wenn ich nicht ab und zu allein bin, kann ich auch die Gemeinsamkeit nicht richtig schätzen.
JA (1) ja (2) 0 (3) nein (4) NEIN (5)

37. *Es gibt jemanden in meiner Nähe, der mich wirklich versteht.*
JA (1) ja (2) 0 (3) nein (4) NEIN (5)

Auswertung

Grundsätzlich hinterfragen die fett gedruckten Fragen die **soziale Einsamkeit**, die kursiv geschriebenen die **emotionale Einsamkeit**, während die normal geschriebenen versuchen, auf die Tatsache des Nicht-Alleinsein-Könnens Antworten zu finden. Beim Addieren Ihrer Punktzahl müssen Sie darauf achten, immer innerhalb dieser unterschiedlich gesetzten Fragekategorien zu bleiben. Sollten Sie die Punkte verschiedener Fragen vermischen, so führt dies zu einer Verfälschung des Ergebnisses.

Liegt der Wert beim Parameter **soziale Einsamkeit** zwischen 23 und 43, befinden Sie sich im großen Mittelfeld der Bevölkerung; liegt er unter 23, heißt das, Ihnen geht es blendend. Werte ab 44 und mehr appellieren an Sie, etwas gegen Ihre Einsamkeit zu tun!

Bei dem Bereich **emotionale Einsamkeit** sind Sie im Mittel, wenn Ihr Wert zwischen 17 und 33 rangiert, unter 17: wunderbar! Über 33: Achtung, Sie bewegen sich in Richtung Einsamkeitsfalle, unternehmen Sie etwas dagegen!

Liegt Ihr Wert, was die Unfähigkeit zum Alleinsein anbelangt, zwischen 14 und 28, gehören Sie dem Mittelfeld der Bevölkerung an, ist er unter 14: bestens! Bewegt er sich jedoch über 28, sollten Sie handeln, weil Sie auf chronische Einsamkeit zusteuern könnten.

2. Kapitel

Interviews: Wie Betroffene die Tristesse meistern

Wie Betroffene ihrer Einsamkeitsfalle entkamen, was sie aus dieser harten Bewährungsprobe lernten und welche Tipps sie für andere haben, nimmt dieses Kapitel unter die Lupe. Denn wie fand etwa Schauspielerin Marie-Therese Kroetz-Relin bei ihrer Auseinandersetzung mit der Einsamkeit heraus, dass in diesem Begriff die Bedeutung *ein Samen keimt* versteckt ist?

„Ein Samen keimt contra Einsamkeit“

Marie-Therese Kroetz-Relin (38), Tochter von Maria Schell und Veit Relin, ging mit 16 Jahren allein nach Paris, um Schauspielerin zu werden, und gewann 1986 die Goldene Kamera als beste Nachwuchsschauspielerin. Nach der Geburt ihrer ersten Tochter wurde sie zur Full-time-Hausfrau. Sie lebt mit ihrem Mann, dem Dramatiker Franz Xaver Kroetz, und drei Kindern auf Teneriffa und im Chiemgau. Um sich aus der „Einsamkeit hinterm Herd“ herauszukatapultieren, schrieb sie das Buch *If pigs could fly* und begründete die Hausfrauenrevolution. Unter www.hausfrauenrevolution.com können sich Frauen, Männer und Kinder über ihre Nöte und Sorgen austauschen, sich mit Patenschaften unterstützen, sich öffnen und aktiv etwas gegen die Sackgasse Einsamkeit unternehmen, so Kroetz-Relin.

Frau Kroetz-Relin, wie definieren Sie Einsamkeit?
K-R.: Ich will das Wort „Einsamkeit" neu definieren: Statt Einsamkeit – Ein Samen keimt! Ich denke, Einsamkeit ist eine Lebensstufe der Weiterentwicklung. Man sollte deshalb dieses Thema nicht tabuisieren, sondern als Herausforderung annehmen und die Sprachlosigkeit durchbrechen.

Wie nehmen Sie Einsamkeit wahr – positiv oder negativ?
K-R.: Beides. Kommt darauf an, in welchem Zustand man sich befindet: Knast im Hirn oder auf der Suche nach sich selbst.

Wie fühlt sich Einsamkeit an?
K-R.: In meinem Buch *If pigs could fly – Die Hausfrauenrevolution* beschreibe ich das so: „In mir finden tausend Explosionen statt, meine inneren Stimmen sprechen im Kanon. Sie diktieren mir mein Leben und eine Kraft treibt mich, dass ich meine, es müsste mich zerreißen. Ich muss einen Ausdruck finden." – Stellen Sie sich vor, Ihre Kreativität steckt in einem Schnellkochtopf, aber es ist kein Ventil vorhanden.

Wann tritt Einsamkeit auf und wie oft?
K-R.: Das hängt von der „Art Einsamkeit" ab. Passen wir zum Beispiel aus irgendeinem Grund nicht in das von außen suggerierte Medienbild, sei es durch Krankheit, Alter, soziale Ausgliederung, durch finanzielle Not oder Sucht, missglückte Integration und nicht zuletzt aus fehlendem Selbstbewusstsein, rutschen wir schnell in die „ungewollte Einsamkeit". Egal ob Jung oder Alt.

Wie gehen beziehungsweise gingen Sie mit Einsamkeitsgefühlen um?
K-R.: Wie oben beschrieben: indem ich mein Leben änderte, die Vereinsamung am Herd hinter mir ließ, meine Sprachlosigkeit durchbrach und den Samen, welcher in mir keimte, wachsen ließ, indem ich die Hausfrauenrevolution begründete und das Buch *If pigs could fly* schrieb.

Was können Sie anderen raten?
K-R.: Das Gleiche zu tun wie ich und sich eventuell der Hausfrauenrevolution anzuschließen. „Hausfrauenrevolution heißt, endlich den Mut zu finden, unter dem kleinen, dunklen Stein hervorzukommen.“ (Barbara Fabricius Exner)

Ist Einsamkeit auch positiv, wenn ja, warum?
K-R.: Sicher. Weil Einsamkeit die Chance zu einer Veränderung bedeuten kann.

Wie wichtig ist eine Balance zwischen Alleinsein und Mit-Menschen-Sein?
K-R.: Alleinsein ist nicht gleich Einsamsein. Alleinsein ist meine eigene, gewollte Entscheidung, Einsamsein wird von außen oder innen „ungewollt diktiert“. Und gerade in überbevölkerten, also „Menschen-vollen“ Situationen begegnen wir der Einsamkeit häufig. Ein Beispiel: Wir rennen mit den Massen in die „Kathedrale Supermarkt“, um dem Dialog im Tante-Emma-Laden zu entfliehen.

Denken Sie, dass es Menschen gibt, die mit Einsamkeit besser klarkommen als andere? Und wenn ja, wie sind diese gestrickt?
K-R.: Mhm, ich glaube, jeder Mensch hat sein „Päckchen Einsamkeit“ zu tragen. Kommt eben nur darauf an, ob wir es wahrnehmen wollen oder nicht. Dieses Thema ist tabu und wird in unserer „schnellen“ Welt erfolgreich verdrängt: Ein Workaholic befindet sich genauso auf der „Flucht“ wie ein Alkoholiker. Burn-out-Symptome sind ebenfalls ein Zeichen unserer Zeit ...

Stimmen Sie der Aussage zu, wer Freunde, Familie beziehungsweise einen Partner hat, ist nicht allein?
K-R.: Nein. Viele Menschen befinden sich, gerade weil sie in einer Beziehung sind, in einer großen Einsamkeit.

Einsamkeit ist eine Frage des Alters?
K-R.: Auch nicht. In meinem Buch findet sich ein sehr schöner Text von meiner 16-jährigen Tochter Josephine über Einsamkeit. Grundsätzlich begleitet uns dieses Thema durchs Leben und passt in jede Altersstufe beziehungsweise lauert an jeder Ecke. Faktoren wie Krankheit, Pflegebedürftigkeit etc. können den „Zustand" Einsamkeit „beschleunigen".

Wer nicht allein sein kann, hat ein Problem mit sich selbst?
K-R.: Ja, ich denke schon, denn er fürchtet sich vor einer wichtigen Auseinandersetzung und verpasst vielleicht „unentdeckte Welten".

Wer Sinn im Leben sieht, ist nicht einsam?
K-R.: Der Weg ist das Ziel. Wenn man diesen Weg beschreitet, bereit ist, aufzunehmen und sich zu verändern, dann kann jedes Vorankommen, Stehenbleiben, Weitergehen, eine wunderbare Erfahrung sein, denn es öffnet das (Selbst-)Bewusstsein.

Verraten Sie uns eine Lebensweisheit?
K-R.: „Und Sterne reißt's vom Himmel, das kleine Wort ich WILL!" – das ist ein Sprichwort, welches mir sehr gefällt, auf meinem Weg, das Unmögliche möglich zu machen.

Anti-Frust-Mittel: Freunde treffen

Hans B.* (48) lebt seit drei Jahren in einer kleinen Finca auf Mallorca. Seit seine Partnerin sich kurz nach dem Umzug auf die Balearen-Insel von ihm getrennt hat, sehnt er sich nach einer neuen Liebe. Ein Schicksal, das viele andere Singles nicht nur auf Mallorca teilen, wobei hier die Einsamkeit gerade im Winter, wenn viele Residenten in ihrer Heimat weilen, besonders stark und unbarmherzig zuschlägt.

Wie definieren Sie Einsamkeit?
H.B.: Einsamkeit ist eine Art Verlassensein, eine schmerzhafte Sehnsucht nach einem Partner.

Wie nehmen Sie Einsamkeit wahr – positiv oder negativ?
H.B.: Negativ. Einsamkeit ist die dunkle Seite des Alleinseins, was ich wiederum als sehr stärkend und nährend empfinde.

Wie fühlt sich Einsamkeit an?
H.B.: Es ist ein im Innersten nagendes, trauriges Gefühl.

Wann tritt Einsamkeit auf, wie oft?
H.B.: Häufig am Wochenende, wenn man gerne jemanden um sich hätte, mit dem man etwas zusammen unternehmen könnte wie alle anderen ja auch. Und abends, wenn ich alleine für mich koche oder mit einer Flasche Wein frustriert vor dem Fernseher sitze. Im Winter ist es schlimmer als im Sommer, da das Haus nicht richtig warm wird und man sich noch trauriger und einsamer fühlt und viele Freunde dann auch gar nicht auf der Insel sind.

Wie gehen/gingen Sie mit Einsamkeitsgefühlen um?
H.B.: Ich versuche mich abzulenken mit lesen, kochen, Musik hören, ich telefoniere mit Freunden und verabrede mich mit ihnen. Doch meine Einsamkeitsgefühle zu kompensieren gelingt mir nicht immer, dann ertappe ich mich schon mal dabei, dass ich mich mit Alkohol oder Sex betöre.

Was können Sie anderen raten?
H.B.: Aktiv werden, Freunde anrufen und treffen, das hilft am besten und bringt einen auf andere Gedanken und in bessere Stimmung.

Ist Einsamkeit auch positiv, wenn ja, warum?
H.B.: Nein, Einsamkeit ist nur negativ, zumindest definiere ich sie so. Wenn Sie allerdings grundsätzlich das Alleinsein meinen, dann gibt es da auch die positive Variante des Alleinseins, wo man sich gut fühlt, nur mit sich selbst sein zu können. Wenn diese sehnsüchtigen Gedanken an eine Partnerin nicht um sich greifen und sich Selbstmitleid und Frust breit machen.

Wie wichtig ist eine Balance zwischen Alleinsein und Mit-Menschen-Sein?
H.B.: Absolut wichtig und notwendig, wenn ich zum Beispiel zu viel ausgegangen bin und zu oft Freunde treffe, habe ich irgendwann das Gefühl auszubrennen. So als würde mir Energie abhanden kommen, die ich durch meinen Rückzug wieder auffüllen muss.

Denken Sie, dass es Menschen gibt, die mit Einsamkeit besser klarkommen als andere? Und wenn ja, wie sind diese gestrickt?
H.B.: Ja, das glaube ich schon. Das sind Menschen, die es lieben, für sich zu sein, die vielleicht auch verschlossener sind als andere und denen Öffnung Energie abverlangt. Da gibt es ja große Unterschiede. Und vermutlich sind es auch diejenigen, die sagen, bevor ich einen schlechten Abend mit uninteressanten Leuten verbringe, bin ich lieber mit einem guten Buch zu Hause allein. Die auch hohe Erwartungen an ihr Gegenüber haben und gut damit klarkommen, sich selbst zu genügen.

Stimmen Sie der Aussage zu, wer Freunde/Familie/einen Partner hat, ist nicht allein?
H.B.: Nein, auch der kann sich mutterseelenallein fühlen. Wichtig ist die emotionale Nähe, die man zueinander hat; denn wer nur an der Oberfläche mit anderen verkehrt, fühlt sich schrecklich alleine und einsam, trotz Freunden, Familie und Partner. Die Verbundenheit macht's, zu der Offenheit und Ehrlichkeit notwendig sind.

Einsamkeit ist eine Frage des Alters?
H.B.: Könnte sein, wenn man keine Kinder und nur einen kleinen Freundeskreis hat und nach und nach die Leute wegsterben.

Wer nicht allein sein kann, hat ein Problem mit sich selbst?
H.B.: Ja, das glaube ich schon. Nämlich, dass derjenige sich nicht aushalten kann, weil er sich vielleicht nicht wertschätzt, nicht neugierig ist, was es alles Interessantes mit seiner Zeit anzufangen gibt.

Wer Sinn im Leben sieht, ist nicht einsam?
H.B.: Er fühlt sich zumindest in seinem Leben aufgehobener, sieht klarer, kann aber trotzdem einsam sein, wenn er sich zu sehr zurückzieht.

Verraten Sie uns eine Lebensweisheit?
H.B.: Die eigene Neugier und die Fähigkeit, die Buntheit des Lebens zu sehen und genießen zu können, sind ein großes Geschenk.

* Name von der Autorin geändert.

„Er ist immer bei mir"

Bei Diana L. (25) wurde 1999 festgestellt, dass sie an Asperger-Autismus leidet. „Die grundsätzlichen Unterschiede zwischen einem Asperger-Autisten und einem Neurotypischen (Normalmenschen) liegen in der Wahrnehmungsverarbeitung. Die meisten Asperger-Autisten sind auf einem oder mehreren Wahrnehmungskanälen überempfindlich, was zu Panikreaktionen im Alltag führen kann, zu extrem eingeschränkten Speiseplänen, zu ständigem Blinzeln und anderen ‚Merkwürdigkeiten'. Sie interpretieren zum Beispiel Gesprochenes falsch und nehmen ironische Andeutungen oder Sprichwörter wörtlich. Spezialinteressen für Dinge, die den normalen Durchschnittsmenschen kalt lassen, tun ihr Übriges. Wie würden Sie reagieren, wenn ich, angespornt von dem Wunsch, eine Freundschaft zu Ihnen herzustellen, auf Sie zukäme und Ihnen zuerst einmal erklären würde, welche verschiedenen Arten von Leukozyten es gibt, wie man sie unterscheidet, und welche Krankheiten an leukozytischen Veränderungen zu erkennen sind? Ich vermute einmal, Sie wüssten nicht, was ich mit einem solchen Vortrag bezwecken wollte, und wären etwas abgeschreckt. Richtig? Das ist eine Reaktion, mit der die meisten Asperger-Autisten zu kämpfen haben, bis sie schlussendlich kapieren, dass sie anders funktionieren. Häufiges Resultat: Resignation", erklärt Diana, deren Grundlebensgefühl bis vor zwei Jahren von tiefer Einsamkeit geprägt war. Ein siebenwöchiger Krankenhausaufenthalt rüttelte sie schließlich wach, und sie begab sich auf die Suche nach etwas, das ihr helfen würde, diesen Teufelskreis zu durchbrechen: „Ich wusste immer, dass es mehr gab, als ich ‚hatte'. Und dieses ‚mehr' habe ich dann aktiv gesucht", sagt die junge Frau, die heute eine Ausbildung zur medizinisch-technischen Laborassistentin macht.

Doch bevor wir dazu kommen, erklären Sie uns: Wie definieren Sie Einsamkeit?

D.L.: Einsamkeit ist kein Synonym für Alleinsein, ohne Menschen sein in meinem Wortschatz. Einsamkeit ist ein Gefühl innerer Leere. „Ich bin einsam!" drückt eine tiefe Sehnsucht nach jemandem aus, der einen versteht, einen mag, einem ähnlich ist, einen so sieht, wie man wirklich ist, und einen genau deswegen oder trotzdem gern hat. „Ich bin alleine" ist eine eindimensionale Aussage, die keine weiteren Emotionen transportiert, während „Ich bin einsam" mehrdimensional eine ganze Menge aussagt: nämlich „Ich bin alleine", „Ich habe es mir nicht ausgesucht, alleine zu sein, und wünschte, dass es anders wäre" und „Ich habe keine Ahnung, wie ich es anstellen soll, dass ich nicht mehr alleine bin, denn selbst wenn ich unter Menschen gehe, verschwindet das Gefühl des Alleinseins nicht, sondern verstärkt sich im Gegenteil sogar noch“.

Alle Asperger-Autisten kennen das Gefühl des Unverstandenseins von Menschen, das eine seelische Barriere hervorruft, die einen, auch in Interaktionen, immer wieder auf sich selber zurückwirft, so als ob der andere einen gar nicht sieht, weil er das wirklich Wichtige einfach nicht zu erkennen vermag, und die daraus resultierende psychophysische Isolation, die einen dazu bringt, sich von den Menschen zurückzuziehen und die physische Einsamkeit der psychischen Einsamkeit vorzuziehen. Resignation zwingt einen dazu, sich mit sich selber zu beschäftigen beziehungsweise alleine zu sein. Denn es hat etwas von „Wahlcharakter“ und gerne habe ich die Möglichkeit, zwischen zwei Übeln das kleinere auszuwählen. Das kleinere Übel ist es, dass ich wähle, „alleine“ einsam zu sein, anstelle von „einsam“ zu sein inmitten von Menschen. Wenn man nur alleine in seinem Zimmer hockt und irgendetwas tut, was einem Freude bereitet, dann hat das etwas Befriedigenderes, als wenn man inmitten von Menschen hockt und nicht zurande kommt.

Wie nehmen Sie Einsamkeit wahr – positiv oder negativ?
D.L.: Einsamkeit ist etwas grundsätzlich Negatives. Die Einsamkeit lässt sich in meinem Verständnis nicht positiv deuten, sondern ist der absolute Mangel an psychischer Nähe zu anderen Menschen.

Wie fühlt sich Einsamkeit an?
D.L.: Leer. Stumpf. Grau. Farblos. Emotionslos. Allgegenwärtig. Endlos. Tief. Ich habe es auch in einem Gedicht beschrieben: http://www.aspiana.de/neben/einsamke.htm.

Wann und wie oft trat beziehungsweise tritt sie bei Ihnen auf?
D.L.: Bis vor zwei Jahren war die Einsamkeit mein „normales Lebensgefühl“. Ich kannte fast nichts anders. Unterbrochen

wurde der Dauerzustand der psychischen Einsamkeit nur dann, wenn ich andere Menschen getroffen habe, die dieselbe Form der Einsamkeit für sich erleben, weil sie sich auf dieselbe Art und Weise von ihren Mitmenschen unterscheiden wie ich – weil sie, wie auch ich, am Asperger-Syndrom litten.

Sie sagen bis vor zwei Jahren – was hat sich verändert und wie kam es dazu?
D.L.: Ich war auf der Suche und dachte, eine lebendige Beziehung zum Retter der Welt könnte mir helfen. Also rief ich bei einer jungen Frau an, die ich aus einer Jugendgruppe einer Gemeinde kannte, und die schlug mir vor, zu ihrem Hauskreis mitzukommen. Mit Bangen und Zittern schloss ich mich an, und habe so meine wirklich enorme Angst vor fremden Menschen überwunden. Als ich dort ankam, wusste ich auf der Stelle, dass meine Suche erfolgreich gewesen war. Hier fand ich Annahme trotz Andersartigkeit und Akzeptanz trotz teilweise dämlichst scheinender Fragen und Verhaltensweisen. Dort fand ich vorgelebt, was Jesus gepredigt hat. In den Liedern und Bibelarbeiten habe ich ihn gefunden. Man kann das eigentlich nicht beschreiben, es ist nicht so, wie wenn man den „typischen" Schreibstil einer bekannten Person in ihren Werken wieder entdeckt, sondern eine Lebendigkeit, die nur mit dem Geist zu erfassen ist. Jesus war dort, und er ist auch in mein Leben gekommen, er ist jetzt gerade hier bei mir, und er lässt mich nie wieder alleine. So fand meine „Lebenseinsamkeit" ein Ende und ich schaffte es, wahre interpersonelle Freundschaften (Freundschaften zu Menschen) herzustellen. Zeiten, in denen ich mich „einsam" fühle, kommen nur noch vereinzelt vor und sind nichts im Vergleich zu der scheinbar niemals endenden Einsamkeit von vorher.

Wie gehen beziehungsweise gingen Sie mit Einsamkeit um?
D.L.: Früher ging ich mit Einsamkeit gar nicht um. Ich kannte nichts anderes, also war sie normal für mich. Jetzt gehe ich mit „Einsamkeitszuständen" auf verschiedene Weise um:

a) Ich rede mit Jesus, erzähle ihm, was abgeht, oder lese in seinem Wort. Das hilft ganz krass gegen jegliche Form der Einsamkeit, denn schließlich weiß ich, dass er immer bei mir ist, egal, was mir meine dummen Emotionen gerade versuchen vorzulügen.
b) Ich rufe einen befreundeten Menschen an und schildere kurz, was los ist – das tue ich nur, wenn ich nicht die Kraft für a) aufbringe. Befreundeter Mensch macht Mut, baut auf, betet. Einsamkeitsgefühle lösen sich recht rasch auf.
c) Ich gehe raus aus meinem Zimmer, gehe spazieren – im Wald, am Fluss oder irgendwo, wo keine Menschen sind, damit ich nachdenken kann und fast immer auch zu a) gelange.
d) Ich versinke in Selbstmitleid, weil ich keinen Bock habe, etwas anderes zu tun. Allerdings ist Variante d) dämlich, weil sie nichts bringt. Meistens wache ich irgendwann auf und e) rapple mich auf, b) anzuwenden.

Gibt es Hilfe von außen, wenn ja, welche?
D.L.: Ich habe Familie – meine Eltern und drei jüngere Geschwister. Die Familie „muss" einen mögen und irgendwie akzeptieren. Doch das ist nicht dasselbe, wie wahre Freundschaft. Vorher hatte ich niemals das, was man wirklich echte Freundschaft nennen kann. Ja, ich glaube inzwischen sogar, dass sehr viele Menschen überhaupt nicht wissen, wie eine Freundschaft sein kann und wie wertvoll sie einem werden kann. Wie oft habe ich meine jetzigen Freunde gefragt: Was ist eigentlich Freundschaft, wie definiert man sie, wie „macht" man sie? Ich hatte keine Ahnung. Gewisse Formen von Freundschaften habe ich über meine Internetseite auch zu anderen Asperger-Autisten. Aber das ist nicht derselbe Level, denn normale menschliche Freundschaften laufen auf zwei Ebenen ab: psychisch (Interessen, Hintergrund etc.) und physisch (räumliche Nähe). Doch: Die beste Hilfe von außen ist, sich die Zusagen von Gott an seine Kinder durchzulesen und mit Jesus über die aktuelle Situation zu reden. Das hat nichts mit

Meditation oder so zu tun. Es kommt nicht von „innen", sondern von „oben"; der Name „Jesus" (Hebräisch: Jeshua) bedeutet auf Deutsch übersetzt nichts anderes als „Hilfe". Und das ist er auch.

Welche Tipps können Sie geben, was kann man gegen Einsamkeit tun?
D.L.: 1. Empfehle ich jedem, der einsam ist: Schnapp dir eine Bibel, lies das Neue Testament und entdecke, was Gott dir alles verspricht, wenn du ihm nachfolgst. In Matthäus 28 Vers 20 steht eindeutig „Ich bin bei euch alle Tage, bis zur Vollendung des Zeitalters" (revidierte Elberfelder Übersetzung). Das ist doch wohl ein großartiges Versprechen angesichts von Einsamkeitszuständen! Was man immer bedenken sollte: Gefühle trügen, alleine Tatsachen zählen. Macht man sich die Tatsachen bewusst, müssen die Gefühle akzeptieren, was die Wahrheit ist, dann werden sie reumütig aus dem Keller gekrochen kommen und akzeptieren, dass die Einsamkeit nicht real ist. Was ich allerdings voraussetze ist, dass der jeweilige Mensch ehrlich zu sich selber ist und tatsächlich auch erkennt, dass er Jesus (die „Hilfe") braucht. Wer das Neue Testament liest, wird dies aber von selber erkennen.

Der 2. Rat, den ich geben kann, ist dieser: Lerne Menschen kennen, denen du wirklich trauen kannst, die dich annehmen, wie du bist. Wenn du keine hast, dann begib dich auf die Suche. Mein Rat ist der, dass du dir eine Freikirche/Freie Gemeinde in deiner Nähe suchst und dort schaust. Man mag mich dafür tadeln, aber ich nehme Jesus wörtlich: Johannes 13,35: „Daran werden alle erkennen, dass ihr meine Jünger seid, wenn ihr Liebe untereinander habt." Wenn du in eine Gemeinde kommst und diese Liebe dort findest – bleibe dort und lerne die Menschen kennen. Wenn du merkst, dass dort keine Liebe zu finden ist, suche eine andere Gemeinde, es gibt genug.

Hat Einsamkeit auch etwas Positives?
D.L.: Ich persönlich kann der Einsamkeit nichts wirklich Positives abgewinnen. Alleinsein hat viele positive Seiten, aber die Einsamkeit an sich ist ein Gefühl, dass fast zwangsläufig in eine Depression mündet. Das einzig Positive, das ich der Einsamkeit abgewinnen „könnte“, ist eventuell, dass sie Menschen dazu bringen „kann“, nach mehr zu suchen und Jesus zu finden, wenn sie ehrlich auf der Suche nach Hilfe sind. Ansonsten ist Einsamkeit für mich eine Sache, die grundnegativ ist.

Wie wichtig ist eine Balance zwischen Alleinsein und Mit-Menschen-Sein?
D.L.: Sei unter Menschen, solange du es erträgst – und ziehe dich zurück, wenn es nötig ist. Nimm dir die Freiheit, auch mal nicht dabei sein zu müssen, wenn du es gerade emotional oder sensorisch nicht verkraften kannst. Die Balance ist für mich wichtig, da ich ansonsten ausbrenne. Auch beim Radfahren kann man sich nicht länger auf eine Seite lehnen, als die Kurve dauert, dann muss man sich wieder aufrichten. Zu manchen Zeiten muss man sich nach links lehnen, zu anderen Zeiten nach rechts – will sagen, es gibt Zeiten, da schaffe ich es länger, unter Freunden zu sein, und Zeiten, da bin ich lieber nach kurzer Zeit wieder für mich. Das muss jeder selber herausfinden und lernen, auf sein Sensorsystem zu hören und zu vertrauen – man muss sich nicht zu viel abverlangen, nur um sich hinterher schlecht zu fühlen und Vorwürfe zu machen. Sogar Jesus hat sich Zeiten für sich alleine genommen – und da er ja keine Fehler gemacht hat (er war ja sündlos), kann es nicht verkehrt sein, auch mal NICHT unter Menschen sein zu wollen.

Denken Sie, dass es Menschen gibt, die mit Einsamkeit besser klarkommen als andere? Und wenn ja, wie sind diese gestrickt?
D.L.: Ich glaube nicht, dass es Menschen gibt, die mit „Einsamkeit“ besser klarkommen als andere. Aber ich glaube schon,

dass es Menschen gibt, die mit dem „Alleinsein“ besser klarkommen als andere. Dies trifft insbesondere auf introvertierte Persönlichkeiten zu. Wer mit der „Einsamkeit“ besser klarzukommen scheint, hat meist nur schon so resigniert, dass er sich in sein scheinbares „Schicksal“ gefügt hat, und nicht mehr versucht, etwas daran zu ändern. Das ist aber keine „Zufriedenheit“, sondern, wie gesagt, „Resignation“.

Wer Einsamkeit nicht ertragen kann, hat tief greifende Probleme mit sich selbst – wie stehen Sie zu dieser Aussage?
D.L.: Zutreffend. Wer das „Alleinsein“ mit sich selber nicht ertragen kann, hat tief greifende Probleme mit sich selbst, weil er es nicht ertragen kann, sich mit sich selber auseinander setzen zu müssen, und ständig Ablenkung etwa durch die Anwesenheit anderer Angehöriger der Spezies Homo sapiens braucht.

Wer Freunde hat, ist nicht einsam?
D.L.: Zu pauschal. Im Grunde genommen ist es zwar wahr, dass wer Freunde (wahre Freunde) hat, nicht einsam ist. Aber gefeit gegen plötzliche trügerische „Einsamkeitsgefühle“ ist man dadurch nicht.

Einsamkeit ist eine Frage des Alters?
D.L.: Definitiv nicht! Wer behauptet, ältliche, gebrechliche Menschen seien einsam, Kinder jedoch niemals, der lügt. Auch wenn dies oftmals propagiert wird. Es gibt unzählige Kinder, die die Einsamkeit besser kennen als viele Erwachsene. Man nehme nur das Beispiel unzähliger Scheidungskinder.

Wer Sinn im Leben sieht und sich selbst liebt, verspürt keine Einsamkeit?
D.L.: Absolut zutreffend.

Verraten Sie uns eine Lebensweisheit?
D.L.: „Wenn du dich einsam fühlst, nutze das Gefühl der Leere, um nach der Fülle zu suchen. Sei ehrlich vor dir selber“, sagt Jesus in Matthäus 7 Vers 7 beziehungsweise in Lukas 11

Vers 9: „Bittet, und es wird euch gegeben werden; sucht, und ihr werdet finden; klopft an, und es wird euch geöffnet werden!“ Johannes 1 Vers 16: „Denn aus seiner Fülle haben wir alle empfangen, und zwar Gnade um Gnade.“ Meine Lebensweisheit ist die, dass es außerhalb von Jesus auf dieser Welt keine Hilfe gibt. Die Welt ist gut darin, „Pflästerchen“ zu kleben, Psychotherapie ist nur ein Beispiel dafür, aber wirkliche Hilfe leistet sie nicht. Echte Hilfe gibt es nur bei Jesus: Matthäus 11 die Verse 28–30: „Kommt her zu mir, alle ihr Mühseligen und Beladenen! Und ich werde euch Ruhe geben. Nehmt auf euch mein Joch, und lernt von mir! Denn ich bin sanftmütig und von Herzen demütig, und ihr werdet Ruhe finden für eure Seelen; denn mein Joch ist sanft, und meine Last ist leicht.“

„Einsamkeit, eine Chance, sich lieben zu lernen“

Ein Leben in Miami Beach war ihr großer Traum. Seit fünf Jahren lebt und arbeitet Dunja S. (33) im Sunshine State und lernte neben vielen Glücksmomenten auch die Schattenseiten des Daseins fern der Heimat kennen. Nach einer gescheiterten Ehe zog sie sich von gemeinsamen Freunden zurück und versuchte neue tief gehende Freundschaften aufzubauen, stieß aber schnell an Grenzen. „Eine harte, einsame Bewährungsprobe, doch lernte ich mich selbst wieder neu kennen und lieben“, verkündet Dunja S. heute lächelnd. Jetzt kann sie ganz anders auf Leute zugehen, sie hat begonnen, mit einem Freund Surfen zu lernen, nimmt Tennisstunden, malt und genießt ihr Leben.

Wie definieren Sie Einsamkeit?
D.S.: Einsamkeit ist die Möglichkeit, Glück und Zufriedenheit in sich beziehungsweise Gefallen an sich selbst zu finden. Vergangenes zu analysieren und für den zukünftigen Weg bewusst einzusetzen.

Wie nehmen Sie Einsamkeit wahr – positiv oder negativ?
D.S.: Positiv. Ich sehe sie als Möglichkeit, mich intensiv mit mir selbst zu beschäftigen, in mich zu gehen, um herauszufinden, welche Verhaltens- oder Denkmuster geändert werden sollten, um zu wachsen. Ganz nach der Devise: Was nehme ich weiter mit auf den Weg, was streife ich ab? Je schwieriger es ist, anfangs mit der Einsamkeit umzugehen, desto intensiver wird man vom Leben aufgefordert, in den Moment einzutauchen und dankbar zu sein für die Dinge, die jetzt hier sind. Jedem passiert es, dass er in Selbstmitleid schwelgt. Doch ist die Selbstüberwindung nicht viel prickelnder, als sich in seinem Frust zu versenken? Sich am eigenen Schopf aus dem Sumpf ziehen, um dann voller Freude zu sagen: „Hey, Du bist gut, Du hast es mal wieder geschafft."

Wie fühlt sich Einsamkeit an?
D.S.: Sie kann sich von einer inneren Leere bis hin zu Unruhe steigern, die einen als Erlebnisdrang überwältigt. Ist man verliebt, steigert sich Sehnsucht in Schmerz des sich Nicht-teilen-Könnens. Man fühlt sich krank, hilflos. Wenn man in einem sozialen Umfeld niemanden kennt und bei sich denkt „Es interessiert sich sowieso niemand für mich", führt die Unsicherheit beziehungsweise Angst dazu, sich selbst ins Abseits zu manövrieren.

Wie gehen beziehungsweise gingen Sie mit Einsamkeitsgefühlen um?
D.S.: Ich gehe in mich, betrachte mich von der Kindheit bis zur jetzigen Lebenssituation. Gehe durch alte Fotos, betrachte mich als eigenständige Person. Erkenne mich wieder in meiner nächsten Umgebung. Gehe durch mein Apartment,

beschäftige mich mit all den Dingen, die mich umgeben und mich eigentlich widerspiegeln sollten. Die Dinge, in denen ich mich nicht sehe, werfe ich weg. Strukturiere mich neu. Sobald ich zufrieden bin mit meinem Apartment, gehe ich nach draußen, um zu sehen, wie ich mich dort widerspiegle. Setze mich an einen öffentlichen Ort (Parkbank, Café etc.) und freue mich, Menschen zu beobachten, höre ihnen eventuell bei ihren Gesprächen zu, ohne sie zu beurteilen. Freue mich an jeder um mich herum gelebten Freude und Herzlichkeit und/oder der Schönheit der Natur.

Was können Sie anderen raten?
D.S.: Lerne dich selber kennen, beschäftige dich mit deinen Unsicherheiten, Ängsten und Schuldgefühlen. Sei ehrlich mit dir selbst.

Sei dankbar für alles, was du hast (Freunde, Besitz). Wofür bist du dankbar: für dich selbst, was du für andere gemacht hast, welche Charakterzüge magst du an dir?

Mach's dir auf einer Couch bequem und denke an alle Leute, die dich verletzt oder enttäuscht haben. Verzeihe jedem Einzelnen. Das Gleiche tue dann auch mit Leuten, die du verletzt oder enttäuscht hast: Entschuldige dich gedanklich und mit dem Herzen bei ihnen.

Mach die Dinge, die du immer schon mal erleben wolltest (egal wie alt), aber nie in Angriff genommen hast, weil du dich von anderen hast beeinflussen lassen. Tu's für dich!

Erlaube dir andere Ansichten.

Unternimm Experimente mit Menschen: Wie reagieren andere Leute auf meine Worte, Mimik, Aktionen, Gefühle und Gedanken. Grüße alle, denen du begegnest, als wären es deine Verwandten.

Mach eine Gruppen-Exkursion.

Sei gut zu dir. Verwöhne dich, als wolltest du einer zweiten Person etwas Gutes tun.

Überlege dir, womit du dich als Kind/Heranwachsender stundenlang beschäftigen konntest, ist es Teil deines Lebens geworden?!

Bereichere dein Leben, so dass es für dich und bei gelebter Zweisamkeit zur Bereicherung von anderen wird. (Lerne etwas Neues: Sprachen, Kochen, Fotografieren, Yoga ...)

Lerne deine Stadt neu kennen, indem du an Orte gehst, an denen du niemals zuvor warst.

Setz dich vor einen Spiegel und schau dich liebevoll an. Wenn du's mit dir nicht schaffst, wie soll es mit anderen Menschen funktionieren.

Gestalte aus dem Moment ein Wunder. Beispiel: Zünde eine Kerze an, leg Musik auf: Die Flamme tanzt zur Musik, garantiert!

Vermeide Fernsehen, denn es ist ein Kreativitätskiller! Besser: besuche einen Internet-Chat oder eigne dir gezielt Wissen an.

Spiel die Musik, die dir zusagt: Sing und/oder tanz dazu. Egal wie, es sieht keiner zu.

Heitere dich selber auf, so als würdest du es für einen Freund tun oder dich aus schweren Gedanken wachrütteln wollen.

Wie wichtig ist eine Balance zwischen Alleinsein und Mit-Menschen-Sein?

D.S.: Wenn wir uns als einzeln stehende Person betrachten (allein), sollten wir feststellen, dass wir in uns abgeschlossen sind wie ein „O". Wir sind zufrieden mit uns selbst. Es gibt auch Menschen, die sich wie ein „C" fühlen und nach einem anderen „C" Ausschau halten, um sich abgerundet zu fühlen. Als abgerundetes „O" suchen wir die Gesellschaft, um uns mit unseren Mitmenschen im psychischen oder physischen Sinne durch gemeinsames Erleben zu teilen. Man gibt und nimmt, trägt das Erhaltene weiter.

Denken Sie, dass es Menschen gibt, die mit Einsamkeit besser klarkommen als andere? Und wenn ja, wie sind diese gestrickt?
D.S.: Sind wir nicht alle auf grundlegenden Regeln beruhend gleich gestrickt? Es geht nur darum, sich eine Chance zu geben. So oft befinden wir uns in einer Situation, die uns durch Missverständnisse, Sturheit oder Ignoranz zum Außenseiter macht. Für eine Minute, für einen Abend, für ein ganzes Leben, wenn wir es wählen. Sich für Verständnis und Mitgefühl zu öffnen, öffnet uns die Tore zur Gemeinsamkeit.

Stimmen Sie der Aussage zu, wer Freunde/Familie/einen Partner hat, ist nicht allein?
D.S.: Man fühlt sich nur dann einsam oder missverstanden, wenn die nahe stehende(n) Person(en) nicht das gleiche „Spiel spielen" wollen oder eine „andere Sprache" sprechen, die sich durch Misskommunikation und Missverständnis Ausdruck schafft und zur Einsamkeit führt. Oder man hat sich in seinem gewohnten Umfeld weiterentwickelt und kann das Erfahrene nicht teilen, da es einem nicht die Chance gibt, uns zu erklären, man erhält kein Verständnis.

Einsamkeit ist eine Frage des Alters?
D.S.: Nein. Lebenssituationen und/oder dazugehörige Personen ergeben sich, tauchen in unserem Leben auf, damit wir von ihnen lernen. Meist geht es dabei um Verständnis und um die Frage: Wie gut bin ich zu anderen und wie gut zu mir selbst?

Wer nicht allein sein kann, hat ein Problem mit sich selbst?
D.S.: Nein. Wer nicht allein sein kann und die Möglichkeit hat, in Gesellschaft zu sein, genießt es zuerst, das Äußerliche wahrzunehmen. Doch früher oder später wird er/sie nicht darum herumkommen, sich mit seinem/ihrem Inneren zu beschäftigen. Spätestens im „goldenen Herbst", denke ich, wenn Äußerlichkeiten mehr und mehr an Bedeutung verlieren.

Wer Sinn im Leben sieht, ist nicht einsam?
D.S.: Kommt auf die Definition vom Sinn des Lebens an. Wenn man dem Sinn des Lebens die Ernsthaftigkeit nimmt und ihn als „Das Spiel des Lebens“ sieht, kann er Drama, Tragikkomödie oder Komödie sein. Ich bevorzuge die Komödie!

Verraten Sie uns eine Lebensweisheit?
D.S.: Wer keinen Gefallen an sich selbst findet und sich nicht liebt, wird immer auf der Suche sein. Allerdings ist Einsamkeit die Chance, zu erkennen, was in uns steckt, unsere wahre Schönheit zu entdecken.

„Einsamkeit ist eine Kraftquelle“

Pater Johannes Messerer (49) ist Leiter des 1977 gegründeten und damit ältesten, sich auf europäischem Boden befindenden Zen-Meditationshauses im bayerischen Franziskanerkloster Dietfurt (www.meditationshaus-dietfurt.de). Menschen egal welchen Glaubens können sich hier eine Auszeit gönnen und Meditation beziehungsweise Sitzen in Stille üben. Aufgelockt wird der Aufenthalt durch Entspannungsübungen, Essens- und Kaffeepausen. Vor allem Ärzte, Psychologen und Lehrer nutzen das Angebot; 70 Prozent der Teilnehmer sind zwischen 40 und 60 Jahre alt. „Sinn der Übung ist, dass Sie durch das Meditieren hinter Ihr Ego finden, in einen Zustand der Geborgenheit und des absoluten Seelenfriedens – das ist eine heilende Erfahrung. Außerdem erhalten Sie Antworten auf zwingende Fragen, etwa wie soll mein Leben weitergehen?“, erklärt Pater Johannes, der selbst täglich mindestens eine halbe Stunde meditiert; leitet er einen der Zen-Meditationskurse, sind es bis zu zwei Stunden am Tag.

Wie definieren Sie Einsamkeit?
P.J.: Einsamkeit und Alleinsein sind für mich höchst positiv. Sicher gibt es Phasen auf dem spirituellen Weg, der in die dunkle Nacht der Sinne, in tiefstes Alleinsein führt. Doch letztlich ist es eine Kraftquelle, ein Heilmittel: „Je näher du an die eigene Mitte, an Kolia kommst, umso mehr strömen lebendige Wasser, die ins lebendige Leben fließen“. Johannes 7,31. Negativ ist Vereinsamung, sich isoliert, unverstanden und minderwertig fühlen.

Das heißt, Sie nehmen Einsamkeit in erster Linie positiv wahr?
P.J.: Richtig.

Wie fühlt sich Einsamkeit an?
P.J.: Ich fühle eine große Ruhe, Frieden, ich fühle mich geborgen, es ist wie Heimkommen bei sich selbst, ein freudiges, warmes und beseelendes Gefühl. Es ist wie All-Eins-Sein mit einer anderen Welt, ein Hauch von Ewigkeit.

Wenn allerdings Reste von früher hochkommen (zum Beispiel schmerzende Erinnerungen, emotionale Wunden), dann weiß ich oft nicht, wie ich das aushalten soll, und zum Teil empfinde ich dabei auch körperliche Schmerzen, Knie- und Kopfschmerzen, die plötzlich aus dem Nichts auftauchen.

Wie gehen Sie mit negativen Einsamkeitsgefühlen um?
P.J.: Ich versuche Vereinsamungsgefühle, die zehn Minuten bis tagelang andauern können, auszuhalten. Das gehört mit zum Prozess und plötzlich lichtet sich alles wieder und ich spüre eine noch größere Geborgenheit.

Gibt es Hilfe von außen, wenn ja welche?
P.J.: Gespräche mit Freunden.

Welche Tipps können Sie geben, was kann man gegen Einsamkeit tun?

P.J.:

1. Indem man positiv inspirierende, klassische Musik hört, etwa Werke von Vivaldi, Mozart, Beethoven oder Bach.
2. Sport wie Walking oder Jogging hilft, raus aus der Isolation zu kommen und hin zu einem tiefen Frieden zu finden.
3. Gesunder Schlaf, weil er uns grundsätzlich ausgeglichen macht.
4. Ein gutes Gespräch kann einen auch aus seiner Ego-Schachtel herausführen. Ebenso wie ein gutes Buch, etwa von Etty Hillesum *Das denkende Herz* oder Heiligenbiografien zum Beispiel über Franz von Assisi, Therese von Avila, Ramana Mahashi, Mahatma Ghandi oder über den Zen-Meister Hakuin.

Wie wichtig ist eine Balance zwischen Alleinsein und Mit-Menschen-Sein?

P.J.: Die ist für mich sehr wichtig. Ich bin neben meiner Meditation gerne mit anderen Menschen zusammen und pflege einen freien Austausch. Denn wer nur allein, in einer Art Elfenbeinturm gefangen, lebt, bleibt in einer Bewusstseinsstufe hängen, der fühlt sich unverstanden, verkümmert, verbittert und erstarrt.

Was raten Sie solchen Menschen?

P.J.: Ich würde ihnen erst eine Therapie raten und dann zur Meditation.

Denken Sie, dass es Menschen gibt, die mit Einsamkeit besser klarkommen als andere? Und wenn ja, wie sind diese gestrickt?

P.J.: Sicher gibt es da Unterschiede. Extrovertierte tun sich sicherlich schwerer mit Einsamkeit als Introvertierte. Doch grundsätzlich hat jeder die Fähigkeit, sich der eigenen Wahrheit oder der Einsamkeit zu stellen. Das ist nicht Mönchen und Klosterleuten vorbehalten.

Wer Einsamkeit nicht ertragen kann, hat tief greifende Probleme mit sich selbst – wie stehen Sie zu dieser Aussage?
P.J.: Ja, denn hier sieht man die Kehrseite von sich selbst. Probleme können sein: tiefe Verletzungen, denen man sich nicht stellen möchte, zum Beispiel tiefe Ängste, Missbrauch, Verletzung durch den Vater, den Partner oder brüchige Elternbeziehungen.

Wer Freunde hat, ist nicht einsam?
P.J.: Stimmt nicht, man kann sich auch unter Freunden sehr einsam fühlen, auch wenn man sich ständig trifft. Wichtig ist, dass man mit sich selbst allein sein kann, dann fühlt man sich mit allen verbunden.

Einsamkeit ist eine Frage des Alters?
P.J.: Nein, jedes Alter kennt Phasen der Einsamkeit, das geht bereits bei Kindern und Jugendlichen los.

Wer Sinn im Leben sieht, ist nicht einsam?
P.J.: Dieser Aussage kann ich voll zustimmen.

Können Sie uns eine Lebensweisheit mit auf den Weg geben?
P.J.: „Liebe und tue, was du willst", Augustinus. Will heißen: dem eigenen Leben zu gehorchen. Denn oft sind wir gelenkt von Vorstellungen der Gesellschaft, der Erziehung – und durch Einsamkeit komme ich zu der Erkenntnis: Was soll ich wirklich tun?

Positiv denken hilft!

Karl Bauer (52) ist seit 40 Jahren Schäfer. „Ich bin da hineingewachsen", sagt Bauer, der diesen Beruf in der neunten Generation ausübt und Vorsitzender des Bauernverbands Baden-Württemberg sowie des Landes-Schafzuchtverbandes ist. Fünf Tage die Woche hütet der Landwirt vom Schafhof in Wildberg täglich sieben Stunden seine 700 Schafe. Zwei Hunde sind ihm dabei behilflich, sonst ist er ganz alleine mit seinen Tieren, mit denen er pro Tag zwei bis zehn Kilometer durch die Landschaft streift.

Wie definieren Sie Einsamkeit?
K.B.: Einsamkeit ist, wenn man niemanden um sich hat, ist eine Zeit, in der man sich mit sich selbst beschäftigt.

Wie nehmen Sie Einsamkeit wahr – positiv oder negativ?
K.B.: Einsamkeit kann sehr wohltuend sein, die Stille draußen in der Natur, das ist sehr positiv, man findet Ruhe und Zeit zum Nachdenken. Wenn es aber ein paar Tage hintereinander regnet, kann man sich auch allein fühlen, niemand redet mit einem, da fühlt man sich schon auch verlassen.

Wie fühlt sich Einsamkeit an?
K.B.: Es ist ein Moment des Glücks, der sich andererseits aber auch grau, bedrückend, melancholisch anfühlen kann. Hängt viel von der eigenen Stimmung und der Situation ab.

Wann tritt Einsamkeit auf, wie oft?
K.B.: Vor allem, wenn es regnet, wenn nach zwei, drei Tagen – taptap – diese ewigen Regentropfen immer noch auf den Hut fallen. Das nervt, damit muss man lernen umzugehen.

Wie gehen Sie konkret damit um? Mit Walkman oder Spielen?
K.B.: Nein, das würde mich zu sehr von der Herde ablenken, denn man muss schon aufpassen, dass die Tiere nicht die falsche Fläche zum Weiden betreten, prüfen, ob sie krank sind, was sie machen. Stattdessen versuche ich mich abzulenken, indem ich mit den Hunden rede, indem ich mir vorstelle, was meine Schafe denken, wenn sie denken (lacht). Ich frage mich: Wo ist das Leitschaf, die Lisa? und suche mit den Augen nach ihr.

Ich versuche positiv zu denken und sage mir: Nur noch drei Stunden, dann bin ich zu Hause bei meiner Familie, dann gibt es etwas Gutes zu essen, ein warmes Zimmer.

Ich mache mir die Landschaft bewusst: die Riesenvielfalt, die Berge, die Täler, die Bäume, die Tiere oder ich beginne, nachzudenken. Dazu stelle ich mir Fragen wie: Wie wäre es, wenn ich anders entschieden hätte – beruflich oder privat (ich hab' sehr früh geheiratet)? Ich frage mich: Ist die Politik so richtig, was da gemacht wird, wie geht es mit der Globalisierung weiter, was passiert nach dem Tod und wohin führt das Leben? Da tut sich ein Berg von Fragen auf und ich versuche, Antworten zu finden.

Was können Sie anderen raten?
K.B.: Man muss anfangen, positiv zu denken. Das fällt den Lehrlingen am Anfang sehr schwer und sie fühlen sich sehr einsam, die lange Zeit draußen alleine. Ihnen erkläre ich, dass man positiv denken muss. Ich hatte zum Beispiel schon viele gute Ideen während dieser Zeit, wie man betriebliche Sachen anders, besser organisiert. Andererseits kann man ja auch an ein schönes Erlebnis denken, eine Bergtour oder einen Strandurlaub (Anmerkung der Autorin: Bauer war in seinem ganzen Leben nur zweimal im Urlaub – an der Nordsee und in den Bergen). Und wenn man lernt, dass man sich durch positive Gedanken selbst hochziehen kann, ist das großartig. Das gibt einem Sicherheit und Kraft – etwa auch, wenn ich auf großen Veranstaltungen oder Fortbildungen vor vielen Leuten reden muss.

Ist Einsamkeit auch positiv, wenn ja, warum?
K.B.: Natürlich, es ist die Chance, zu sich zu finden.

Wie wichtig ist eine Balance zwischen Alleinsein und Mit-Menschen-Sein?
K.B.: Sehr wichtig, es ist wichtig, dass man, wenn man zum Beispiel eine Idee entworfen hat, jemanden hat, dem man sich mitteilen kann. Ob Familie oder guter Freund.

Denken Sie, dass es Menschen gibt, die mit Einsamkeit besser klarkommen als andere? Und wenn ja, wie sind diese gestrickt?
K.B.: Ja, auf jeden Fall. Sie strahlen Ruhe aus und ruhen in sich selbst. Bei Hektik bewegen sie sich souverän, stehen über den Dingen, weil sie mit Einsamkeit klarkommen und weil sie Zeit haben, um über bestimmte Situationen, Fragen nachzudenken.

Stimmen Sie der Aussage zu – wer Freunde/Familie hat, ist nicht einsam?
K.B.: Würde ich sagen, kann ich zustimmen.

Einsamkeit ist eine Frage des Alters?
K.B.: Eigentlich nicht.

Wer nicht allein sein kann, hat ein Problem mit sich selbst?
K.B.: Ja, absolut. Ja, denn wer nicht über sich nachdenkt, hat ein Problem, ist etwa unzufrieden mit sich, seinem Tun, seinem Leben, seinem Auftreten, seiner mangelnden Selbstsicherheit. Aber Einsamkeit auszuhalten ist Übungssache, das kann man lernen. Sicher können einige es nicht, aber für einen Großteil ist es eine Chance.

Wer Sinn im Leben sieht, ist nicht einsam?
K.B.: In der Regel ja.

Verraten Sie uns eine Lebensweisheit?
K.B.: Rede erst, wenn du etwas zu sagen hast. Das ist gehaltvoller als das aktuelle Blabla in den Talkshows, der Politik oder den Verbänden – denn das bringt nichts außer Aktionismus.

Sich einlassen auf das Gefühl

Angela Maurer (29) ist Weltranglistenerste im Langstreckenschwimmen. Bei Wettkämpfen legt die Wiesbadenerin zwischen 10 und 88 Kilometer zurück, das bedeutet einen Aufenthalt von bis zu zehn Stunden im Wasser. Hinzu kommen – neben ihrem Halbtagsjob beim Statistischen Landesamt – vier bis sechs Stunden täglichen Trainings. Ein Quantum, das sie ebenfalls alleine, nicht im Team, absolviert.

Frau Maurer, wie definieren Sie Einsamkeit?
A.M.: Es ist das Gegenteil von Verbundenheit, man fühlt sich alleine, von der Außenwelt abgeschnitten.

Wie nehmen Sie Einsamkeit wahr – positiv oder negativ?
A.M.: Für mich ist Einsamkeit eher negativ, ich habe ein Problem damit, alleine zu sein.

Wie fühlt sich Einsamkeit an?
A.M.: Leer, man kann sich nicht motivieren, lässt sich hängen und rutscht schnell ins Selbstmitleid: Ich bin so einsam, keiner ist für mich da.

Wann tritt Einsamkeit auf, wie oft?
A.M.: Öfter, da ich viel alleine mache, täglich stundenlang schwimme. Ähnlich ist es, wenn ich bei einem Wettkampf die Gruppe verliere, da muss man dann gegen alles Mögliche anschwimmen, den inneren Schweinehund, körperliche Schmerzen, das Bedürfnis aufzugeben.

Wie gehen Sie mit Einsamkeitsgefühlen um?
A.M.: Ich lasse den Zustand zu, setze mich damit auseinander, leide und versuche mich aus dem Zustand zu befreien. Indem ich mich zum Beispiel ablenke, an schöne Dinge denke, privat etwas unternehme, mich mit Freunden treffe oder ins Kino gehe.

Was können Sie anderen raten?
A.M.: Man sollte das Gefühl nicht verdrängen, sondern es zulassen. Sich an positive Erlebnisse erinnern, die einem helfen, sich aus dem Zustand herauszuziehen. Statt sich hängen zu lassen und sich selbst zu bemitleiden.

Ist Einsamkeit auch positiv zu sehen, wenn ja warum?
A.M.: Ja, weil es auch eine Phase sein kann, in der man viel über sich erfährt, zu sich selbst findet.

Wie wichtig ist eine Balance zwischen Alleinsein und Mit-Menschen-Sein?
A.M.: Sehr wichtig, denn ganz alleine kann kein Mensch hier auf der Welt existieren. Und um Spaß am Leben zu haben, braucht man beides: Zeit für sich und Zeit, um mit anderen zu sein.

Denken Sie, dass es Menschen gibt, die mit Einsamkeit besser klarkommen als andere? Und wenn ja, wie sind diese gestrickt?
A.M.: Ja, solche, die öfter mit dem Zustand umgehen müssen, wissen, wie sie ihn schneller wieder abstreifen. Und Leute, die Freunde haben, mit denen sie sprechen und denen sie sich anvertrauen können, die ein Umfeld haben, das sie auffängt.

Stimmen Sie der Aussage zu, wer Freunde/Familie hat, ist nicht allein?
A.M.: Das kann man so nicht sagen. Man kann Freunde/Familie haben, die einen nicht versteht und mit denen/der man nebeneinander herlebt und sich einsam fühlt.

Einsamkeit ist eine Frage des Alters?
A.M.: Nein, es kann jeden treffen, egal wie alt man ist.

Wer nicht allein sein kann, hat ein Problem mit sich selbst?
A.M.: Stimmt in gewisser Weise schon. Denn wer nicht allein sein kann, ist immer auf andere angewiesen, und somit bestimmen die anderen, ob man sich gut oder schlecht fühlt.

Wer Sinn im Leben sieht, ist nicht einsam?
A.M.: Stimmt schon. Denn er ist mit sich selbst im Reinen, hat ein Lebensziel, Freude am Leben und ist glücklich.

Verraten Sie uns eine Lebensweisheit?
A.M.: „Man sieht nur mit dem Herzen gut, das Wesentliche ist für das Auge unsichtbar." (Antoine de Saint-Exupéry, *Der kleine Prinz*)

Raus aus der Isolation und Hilfe suchen

Gerda Kloske-Schindlbeck (65) kam mit Glaukom (grünem Star) zur Welt. Wegen des erhöhten Augendrucks, den die Erkrankung verursachte, wurden ihr mit 30 Jahren Glasaugen eingesetzt. „Damit verlor ich auch den letzten Rest meiner Sehfähigkeit, die 95 Prozent unserer Wahrnehmungsfähigkeit ausmacht", blickt Gerda Kloske-Schindlbeck zurück, die bis zu ihrer Pensionierung bei der Stadt Landshut angestellt war und durch ihr vorbildliches Engagement bald als Blindenbeauftragte eingesetzt wurde. Und heute noch Beachtliches leistet, doch ich möchte nicht vorgreifen ...

Wie definieren Sie Einsamkeit?
G.K: Als Alleingelassensein, was nicht heißt, dass ich nicht Ruhe und Zeit für mich selbst habe.

Wie nehmen Sie Einsamkeit wahr – positiv oder negativ?
G.K: Das bringe ich sofort mit Blindsein in Zusammenhang, was mich behindert, wo ich mich aufgeschmissen, im Stich gelassen fühle. Einsam kann man sich auch in einer Partnerschaft fühlen, wenn es nicht stimmt, aber das habe ich hinter mir. Im Moment bin ich bestrebt, mein Leben mit Blindheit und Alter positiv einzurichten, um der Einsamkeit keinen Platz

zu lassen und meinem Leben einen Sinn zu geben, der Zeit, die mir noch bleibt.

Wie fühlt sich Einsamkeit an?
G.K.: Eiskalt, nicht zum Erwärmen und undurchdringlich. Im übertragenen Sinn wirkliche Nacht.

Wann tritt Einsamkeit auf, wie oft?
G.K.: Gott sei Lob und Dank, selten, nur noch in solchen Situationen, in denen mir die Blindheit Grenzen setzt.

Wie gehen/gingen Sie mit Einsamkeitsgefühlen um?
G.K.: Ich versuche, die Einsamkeit nicht an mich heranzulassen, ich rufe jemanden an und mache etwas aus meinem Tag. So bildhaure ich zum Beispiel, stricke nach eigenen Entwürfen, studiere in München Philosophie und Religionswissenschaften, halte Vorlesungen für junge Augenärzte über Blindheit oder berate die Pinakothek der Moderne oder die Archäologische Staatssammlung bei einem Blindenprojekt. Gegen die Einsamkeit anzugehen ist eine Kräftefrage. Wenn man allerdings keine Kraft hat, wird es schwierig. In solchen Phasen – etwa als ich mich von meinem ersten Mann getrennt habe – standen mir wahre Freunde bei, die mich in ihr Leben integrierten. Sie haben mich überallhin mitgenommen, bis ich wieder „laufen“ konnte.

Was können Sie anderen raten?
G.K.: Anderen Blinden? Für Menschen, die im Laufe ihres Lebens erblinden, ist das doppelt schwierig, die fallen erst einmal in ein dunkles Loch. Dazu kann ich nur gemäß meinem Motto sagen: Nur wer sein Schicksal bewusst annimmt, erfährt seine wandelnde Kraft. Das heißt, Hilfe zulassen und Ja zu seinem Schicksal sagen und zu hinterfragen, wie es weitergehen kann, was ich aus meiner Situation heraus tun kann, zum Beispiel indem ich rausgehe zum Brötchenholen und so nach und nach ein Stück Selbstständigkeit zurückgewinne oder mich einer Gruppe anschließe. Das ist allerdings gerade für

Menschen, die aus einer Familie kommen, in der ein Patriarch geherrscht hat, nicht einfach.

Mein Rat an alle anderen Menschen, die mit Einsamkeit zu kämpfen haben ... – das ist schwierig, weil man nicht alle über einen Kamm scheren kann: Einsamkeit hat verschiedene Ursachen.

Ist Einsamkeit auch positiv, wenn ja, warum?
G.K.: Wenn Sie Einsamkeit mit Ruhe und Selbstfindung definieren, dann hat es etwas Gutes. Das erlebe ich zum Beispiel auf meiner Trauminsel Lanzarote, da kann ich stundenlang allein am Strand entlangwandern und finde das wunderbar. Aber alleingelassen zu werden, das ist schlimm.

Wie wichtig ist eine Balance zwischen Alleinsein und Mit-Menschen-Sein?
G.K.: Es ist ganz wichtig, genügend Zeit für sich selbst und für andere zu haben, um sich in der Gesellschaft eingebunden zu fühlen. Der Austausch ist hochinteressant und ich lerne viel von anderen, von Menschen, die mich mitnehmen und mir etwas zeigen. Zum Beispiel zum Schuhkauf, zum Bekleidungskauf, zum Schmuckkauf, auf Märkte, ins Theater, in Kunstausstellungen. Die mir Farben, Formen und Eindrücke genau schildern und mir bei Einkäufen zum Beispiel sagen können, ob das Aubergine jetzt mehr ins Rötliche oder ins Bläuliche geht.

Denken Sie, dass es Menschen gibt, die mit Einsamkeit besser klarkommen als andere? Und wenn ja, wie sind diese gestrickt?
G.K.: Ja, introvertierte Menschen und Leute, die das so wollen, die leiden auch nicht darunter.

Stimmen Sie der Aussage zu, wer Freunde/Familie/einen Partner hat, ist nicht allein?
G.K.: Nein. Zu zweit kann man sehr alleine sein, wenn die Harmonie gestört ist und das Paar nicht optimal zusammenpasst.

Einsamkeit ist eine Frage des Alters?
G.K.: Nein, auch junge Menschen können sehr einsam sein, wenn sie zum Beispiel keinen Kontakt finden, und bei Alten werden die Freunde nicht mehr, sondern weniger. Damit muss man zu leben lernen.

Wer nicht allein sein kann, hat ein Problem mit sich selbst?
G.K.: Das ist eine harte Frage, fast zu hart. Wer es nicht kann, muss es lernen, wenn er es nicht ertragen kann, ändern. Aber man muss sich auch das Umfeld ansehen. Vielleicht haben auch die anderen ein Problem mit ihm, weil er nicht entsprechend ihrer Meinung funktioniert, und Geduld und Nächstenliebe zu investieren ist manchen Menschen schon zu viel.

Wer Sinn im Leben sieht, ist nicht einsam?
G.K.: Kann man so nicht sagen. Man tut sich leichter, sieht man einen Sinn im Leben, wenn man auch möglicherweise einsam ist. Aber er hilft einem nicht, das ganze Umfeld ist wichtig.

Verraten Sie uns eine Lebensweisheit?
G.K.: Nur wer sein Schicksal bewusst annimmt, erfährt seine wandelnde Kraft.

Einsamkeit: Ertragen oder ändern

Norbert Sedlacek (43) ist Segler. Während unseres Interviews war der Österreicher unterwegs auf seiner dritten Weltumsegelung. Das Rennen, den Vendee Globe mitzumachen, bedeutet: 30.000 Meilen non-stop und alleine eine Regatta segeln, die in Les Sables d'Olonne startet. Doch Sedlacek sagt kurz vor dem Start mit seiner 60 Fuß langen Brother: „Ich kann es kaum erwarten, auf dem Meer zu sein und mich den Herausforderungen zu stellen, die auf mich warten – mehr als drei Monate allein auf dem Schiff, rund um die Welt, ohne an Land zu gehen, davon zwei Drittel der Zeit unter extremen Wetterbedingungen."

Wie definieren Sie Einsamkeit?
N.S.: Einsamkeit ist für mich ein Seelenzustand, der nichts mit Alleinsein zu tun hat.

Wie nehmen Sie diesen Seelenzustand wahr?
N.S.: Der kann positiv, aber auch negativ sein.

Wie fühlt sich Einsamkeit an?
N.S.: Manchmal berauschend, manchmal schmerzhaft.

Wie oft tritt Einsamkeit auf?
N.S.: Unregelmäßig, je nach Seelenzustand.

Wie gehen Sie mit Einsamkeitsgefühlen um?
N.S.: Ich versuche sie zu ertragen oder zu ändern.

Was können Sie anderen raten?
N.S.: In sich hineinhorchen und individuell reagieren.

Wann kann Einsamkeit positiv sein?
N.S.: Nach langen Stresssituationen bei der Arbeit beziehungsweise einem Projekt. Sehr positiv sogar.

Wie wichtig ist eine Balance zwischen Alleinsein und Mit-Menschen-Sein?
N.S.: Subjektives und unterschiedliches Empfinden.

Denken Sie, dass es Menschen gibt, die mit Einsamkeit besser klarkommen als andere? Und wenn ja, wie sind diese gestrickt?
N.S.: Sicher gibt es Menschen, die damit unterschiedlich klarkommen. Die Gründe sind vielfältig: Sorgen, Angst beziehungsweise mangelnde Selbstsicherheit.

Stimmen Sie der Aussage zu, wer Freunde/Familie/einen Partner hat, ist nicht allein?
N.S.: Nein, Einsamkeit ist ein empfundener psychischer Zustand.

Einsamkeit ist eine Frage des Alters?
N.S.: Stimme ich zu.

Wer nicht allein sein kann, hat ein Problem mit sich selbst?
N.S. Weiß nicht.

Wer Sinn im Leben sieht, ist nicht einsam?
N.S.: Man kann Sinn im Leben – sogar sehr großen, wie gerade in meiner Situation – sehen und sich dennoch gelegentlich einsam fühlen.

Verraten Sie uns eine Lebensweisheit?
N.S.: Gutes oder Böses widerfährt nicht immer nur den anderen, sondern mit Sicherheit jedem von uns, irgendwann, irgendwie, irgendwo.

Lesen und eine sinnvolle Aufgabe finden

Die Wiesbadener Philologin Dr. Marlene Lohner (79) verlor durch einen Gehirnschlag ihren geliebten Mann: „Er war 56 und wir dachten, wir hätten noch die Hälfte unseres Lebens vor uns." Über diese schmerzvolle Verlusterfahrung hat sie das Buch *Plötzlich allein* geschrieben, das bislang 21-mal aufgelegt und von dem über 60.000 Exemplare verkauft wurden.

Wie definieren Sie Einsamkeit?
M.L.: Das ist gar nicht einfach zu sagen. Zunächst muss man wohl Alleinsein und Einsamsein unterscheiden. Was ist der Unterschied? Man kann allein sein – gerne und gar nicht einsam sein – oder man kann auch zu zweit oder in der Familie sein und dabei sehr einsam. Es ist doch wohl die Vorbedingung von Einsamkeit, dass man in der Situation, in der man sich gerade befindet, entweder plötzlich oder nach und nach einsam wird, das heißt, dass es an Kommunikation fehlt.

Besonders einsam fühlt man sich, wenn man eine sehr enge Beziehung gehabt hat und ihrer – wie in meinem Fall – plötzlich und früh beraubt wird. Denkbar ist auch Einsamkeit innerhalb einer Familie, während man kleine Kinder aufzieht, weil man dann jahrelang kaum mit Gleichaltrigen sprechen kann. Und wenn der Mann dann oft noch sehr beschäftigt ist und er nicht einschätzen kann, dass und warum die Frau bis zu einem gewissen Grade leidet, dann wird sie sich vielleicht auch einsam fühlen, was bei Männern, die im Berufsleben stehen, seltener passiert. Da gibt es Ablenkung und andere Menschen.

Einsamkeit entsteht nach meiner Erfahrung und nach der Erfahrung derer, die ich in meinem Buch interviewt habe, vor allem aus Sehnsucht. Man weiß ja noch, wie es sein kann, wenn man mit einem Menschen wirklich glücklich lebt und sich austauscht. Dazu genügen manchmal 10 bis 20 Minuten am Tag und das Wissen, dass man füreinander da ist. Und da herausgestoßen zu werden, von einer Minute zur anderen, im mittleren Alter – wo man an so viel Zukunft geglaubt hat –, das erscheint mir als die hochgradigste Art von Einsamkeit. Bis man sich mit dieser Situation abfindet, das dauert lange; ich habe vier Jahre gebraucht. Ich war damals 49, und wir hatten uns noch so viel vorgenommen, hatten uns so darauf gefreut, mal wieder, wenn die Kinder etwas älter sein würden, allein zu sein, zu verreisen. Es war ein totaler Zusammenbruch des ganzen Lebens, und für die Kinder (12 und 13 Jahre alt) war es auch entsetzlich, weil nicht nur der Vater – ein einsatzfreudiger, entzückender Vater – fehlte, sondern die Mutter plötzlich sehr traurig war. Ich konnte nicht zuhören, wenn die Kinder mir etwas erzählten, weil ich immer auf zwei Ebenen lebte. Auf der einen hörte ich, aber hörte ihnen kaum zu, und auf der anderen war ich ständig mit dieser Sehnsucht, dem Nicht-mehr-zu-Zweien-, sondern Einsamsein beschäftigt.

Wie nehmen Sie Einsamkeit wahr – positiv oder negativ?
M.L.: Kommt ganz darauf an. Zunächst fürchterlich negativ, als den größten Einbruch in das Leben. Doch wenn man sich schließlich damit abgefunden hat, muss man aus der neuen Situation etwas machen, sonst ist man verloren. Dann wird man für die Menschen, die sich immer um einen gekümmert haben, und auch für die Kinder unerträglich. Und das merkt man auch selber, wenn man ursprünglich ein lebensfroher Mensch war, dass man da wieder hinkommen muss. Glück im üblichen Sinne konnte es für mich nicht mehr geben. Entweder man möchte noch mal einen neuen Partner finden oder man weiß, dass es nicht geht, weil man jeden Mann an dem verlorenen, dem früheren messen würde. Das ist sehr individuell, aber ich habe viele Briefe von Menschen bekommen, die genauso dachten.

Dann bin ich schließlich wieder auf meinen Beruf zurückgekommen und das war gut. Von da ab habe ich meinen Kopf wieder eingesetzt und wieder gearbeitet. Da ich mich sehr gut vorbereite, finden meine Kurse (Anmerkung der Autorin: Dr. Lohner unterrichtet dreimal die Woche deutsche Literaturwissenschaft an der Volkshochschule Wiesbaden) viel Resonanz. Ich habe eine neue Aufgabe gefunden, die ich seit 30 Jahren und bis heute ausübe. Das ist natürlich etwas völlig anderes als früher. Aber ich habe gemerkt, dass ich da sehr gebraucht werde, und so ist das zu einer befriedigenden Lebensaufgabe geworden, die mit viel Freude bereitet. Auch deswegen, weil von den meist über Jahre hinweg treuen und begeisterten Hörern so viel Resonanz kommt. Für mich alleine würde ich nie so viel arbeiten, den Antrieb hätte ich nicht und würde vermutlich nur noch Zeitung lesen. Ich denke, dass ich vielen auch über ihre eigenen Einsamkeiten hinweghelfen kann.

Wie fühlt sich Einsamkeit an?
M.L.: Ich denke, dass Einsamkeit, dieses hochgradig gesteigerte Gefühl, der Hauptfaktor von Trauer ist. Man möchte diesen einen Menschen wiederhaben und kann gar nicht einsehen,

dass er nicht wiederkommt. Diese Amputation ist so schmerzhaft, dass man denkt, sie fast körperlich zu spüren. Ich hatte zum Beispiel, immer wenn ich allein war, das Gefühl, dass meine Kehle zugeschnürt ist, weil ich nicht mehr kommunizieren konnte.

Wann tritt Einsamkeit auf, wie oft?
M.L.: In Schüben. Plötzlich erinnert einen irgendetwas an die frühere Nicht-Einsamkeit, das Nicht-allein-Essen, das Nicht-allein-im-Haus-Sein, das einfache Geliebtwerden. Bis man drüber hinwegkommt, das braucht viele Jahre.

Wie gingen Sie mit Einsamkeitsgefühlen um?
M.L.: Ich versuchte, den Sinn im Leben wieder zu finden. Und den hat man gefunden, wenn man morgens gerne aufsteht und sich auf den Tag, die Aufgabe freut, die da auf einen wartet. Insgesamt ist die Resonanz der anderen ganz wichtig gegen Einsamkeit. Wenn Sie zum Beispiel am Ende der Stunde von zwei, drei Leuten zu hören bekommen, wie schön es wieder war und dass sie sich auf die nächste Woche freuen. Dann bekommt man so ein erhöhtes Gefühl von Lebensmut und Freude, das alles weiterzuführen – auch wenn es viel Arbeit ist und die Themen von Jahr zu Jahr schwieriger werden, da etwa 30 bis 40 der Teilnehmer von Anfang an dabei sind.

Quälen Sie heute gelegentlich auch Einsamkeitsgefühle?
M.L.: Wenn mich der Gedanke an früher überwältigt, fühle ich mich einsam. Das kommt immer mal vor, auch wenn ich mir zu genau ausmale, wie es sein könnte, wenn ich jetzt mit meinem Mann im Auto säße und wir gemeinsam nach Italien fahren würden. Man kennt die Signale und sagt sich: „Hier denke ich jetzt nicht weiter, denn das ist Selbstmitleid!“ Es gibt viele Menschen, die sich so ein bisschen in ihrem Selbstmitleid suhlen. Das hören Sie schon an der Stimme, wer leicht zur Wehleidigkeit neigt. Ich hasse das.

Was können Sie anderen raten?
M.L.: Wenn die größte Trauer vorbei ist, sieht man, wonach man sich am meisten sehnt. Und wenn es körperliche und seelische Liebe ist, sollte man sich nicht genieren, das zu befördern und noch einmal einen Menschen zu finden. Wenn das nicht das erstes Bedürfnis ist, muss man etwas Befriedigendes tun, sei es beruflich oder ehrenamtlich. Unter meinen 75 Hörern haben sich, nachdem die Kinder das Haus verlassen haben, 30 bis 40 sozial engagiert. Aber es hilft natürlich auch die Religion, wenn sie nicht zum Selbstzweck wird.

Ist Einsamkeit auch positiv, wenn ja, warum?
M.L.: Zum Beispiel wenn es eine ganz persönliche Befriedigung gibt, die man vorher nicht gesucht und nicht gefunden hat, weil man in einer relativ egoistischen Weise mit seiner kleinen Familie zufrieden und glücklich war. Und wenn Sie dann sehen, dass Sie nach diesem großen Einschnitt doch noch mal zufrieden sein können, zwar gelassener geworden, aber zufrieden sind mit Ihrem jetzigen Leben. Dann sehen Sie, dass aus der Einsamkeit vielleicht eine Vertiefung Ihres Lebenssinns geworden ist. Und: Sie stellen ganz andere Fragen, haben viel mehr Verständnis für andere und deren Schmerz und dadurch kommt es oft zu vertieften Beziehungen. Dann ist es noch gut für die Mutter-Kind-Beziehung: Die Söhne oder Töchter heiraten und bekommen Kinder und wollen, dass die Mutter nicht einsam, nicht traurig ist. Und sie sind froh, wenn die Mutter es schafft, sinnvoll zu leben. Dann beschäftigen sie sich umso bereitwilliger mit ihr. Insgesamt wird man selbst bescheidener, bekommt aber auch umso mehr zurück.

Wie wichtig ist eine Balance zwischen Alleinsein und Mit-Menschen-Sein?
M.L.: Das Alleinsein ist ja etwas anders. Man kann zum Beispiel gern allein sein, ohne einsam zu sein. Das ist bei mir auch so, nach einer gewissen Zeit des Mit-anderen-zusammen-Seins – das kann noch so schön sein – sehne ich mich danach, allein zu

sein. Das kommt für mich daher, weil ich nie allein bin im negativen Sinne, weil ich so gern und viel lese. Mein heutiges Leben ist mir unvorstellbar ohne Bücher; ich lese und arbeite bis zu zehn Stunden am Tag.

Denken Sie, dass es Menschen gibt, die mit Einsamkeit besser klarkommen als andere? Und wenn ja, wie sind diese gestrickt?
M.L.: Ja, das sind die, die mit sich selber im Reinen waren, bevor der große Schicksalsschlag kam. Das hängt natürlich sehr stark von einer glücklichen Kindheit ab und davon, ob man es schafft, eine sinnvolle Tätigkeit für sich zu finden.

Stimmen Sie der Aussage zu, wer Freunde/Familie/einen Partner hat, ist nicht allein?
M.L.: Nicht alleine, richtig, aber die Frage ist doch, ob es nicht eine Einsamkeit in der Familie gibt? Und das tritt zutage, wenn die Kommunikation, nach der man sich sehnt, nicht zustande kommt, da kann man sehr einsam sein und sogar krank werden.

Einsamkeit ist eine Frage des Alters?
M.L.: Nicht unbedingt. Im Alter sind natürlich viele Menschen einsam, besonders, wenn die Krankheiten zunehmen. Manche haben zu viel Selbstmitleid, finde ich. Vor allem begreife ich überhaupt nicht, warum manche nicht zum Lesen als Heilmittel finden! Mit einem guten Buch ist man nie einsam oder allein!

Wer nicht allein sein kann, hat ein Problem mit sich selbst?
M.L.: Ja, Einsamkeit ist was Größeres, was anderes. Wenn man nicht fähig ist, aus seinem Ich heraus zufrieden zu sein, dann hat man ein Problem, denn meiner Ansicht nach kann nur ein mit sich selber zufriedener Mensch auch zufrieden zwei-sam sein.

Wer Sinn im Leben sieht, ist nicht einsam?
M.L.: Ja, das ist es, was ich ausdrücken wollte.

Verraten Sie uns eine Lebensweisheit?
M.L.: Die ist zweigeteilt: 1. Wer sich mit etwas beschäftigt, das ihn zufrieden macht, muss nicht ständig nach dem überwältigenden Glück Ausschau halten. 2. Man sollte sich gelegentlich nicht allzu wichtig nehmen, weil man nahe stehenden Menschen möglicherweise auf die Nerven fällt und das Geben und Nehmen leicht verloren geht. Und: Beginnen Sie rechtzeitig zu lesen, trainieren Sie sich, gute Bücher zu erkennen, weil man damit nie alleine ist.

Fazit der Interviews

Grundsätzlich ist keiner der hier Interviewten an seiner Einsamkeit verzweifelt, sondern hat Wege und Möglichkeiten gefunden, diese im Zaum zu halten beziehungsweise ihr zu entgehen, zum Beispiel durch Ablenkung, Selbstliebe oder positives Denken – wie Sie selbst diese Rettungsanker für sich nutzen, erfahren Sie im nun folgenden Kapitel.

3. Kapitel

Raus aus der Einsamkeitsfalle – so packen Sie es an!

Viele Menschen sind deshalb einsam,
weil sie Dämme bauen statt Brücken.

Maurice Chevalier (1888–1972)

Finden Sie heraus, wie Ihre ganz persönliche Problematik aussieht

Dieses Kapitel möchte Ihnen Anregungen geben, wie Sie zu mehr Lebensfreude finden, zufrieden stellende soziale Beziehungen aufbauen und die Zeit, die Sie alleine verbringen, besser genießen können, um so chronischer Einsamkeit und anderen sozialen wie psychischen Problemen vorzubauen. Die Ratschläge sollen Sie bei der Bewältigung von Einsamkeit unterstützen, ersetzen jedoch im Falle chronischer Einsamkeit keine Therapie (Experten raten zur Aufarbeitung von Langzeit-Einsamkeit zu drei bis zwölf Monaten Einzeltherapie).

Wie stark Sie mit Einsamkeit zu kämpfen haben, zeigt Ihnen der Fragebogen S. 36ff., ebenso mit welcher Art von Einsamkeit Sie grundsätzlich hadern. Damit Sie noch klarer erkennen, woher Ihre Traurigkeit rührt, wann sie auftritt und wie sie tickt, sollten Sie wie unter anderem Schauspielerin Marie Therese Kroetz-Relin, Langstreckenschwimmerin Angela Maurer oder Pater Johannes Messerer folgende Fragen beantworten:

Check-up: So manifestiert sich meine Einsamkeit

1. Wie definieren Sie Einsamkeit?

....

....

2. Wie nehmen Sie Einsamkeit wahr?

....

....

3. Wie fühlt sich Einsamkeit an?

....

....

4. Wann tritt Einsamkeit auf und wie oft?

....

....

5. Wie gehen Sie mit Einsamkeitsgefühlen um?

....

....

6. Ist Einsamkeit auch positiv, wenn ja, warum?

7. Wie wichtig ist eine Balance zwischen Alleinsein und Mit-Menschen-Sein?

8. Denken Sie, dass es Menschen gibt, die mit Einsamkeit besser klarkommen als andere? Und wenn ja, wie sind diese gestrickt?

9. Stimmen Sie der Aussage zu, wer Freunde/Familie/einen Partner hat, ist nicht allein?

10. Einsamkeit ist eine Frage des Alters?

11. Wer nicht allein sein kann, hat ein Problem mit sich selbst?

12. Wer Sinn im Leben sieht, ist nicht einsam?

....

....

13. Gibt es für Sie eine Lebensweisheit?

....

....

Wenn Sie diese 12 Fragen beantwortet haben, wissen Sie, wann genau diese schmerzvolle Phase auftaucht und wie Sie damit umzugehen versuchen. Oftmals reagieren wir bei Gefühlen von Einsamkeit mit Passivität, Konsum- oder Suchtverhalten beziehungsweise Rückzug. Vermeidung von sozialen Situationen und Rückzug sind Strategien, um Zurückweisung und weitere Verletzung beziehungsweise Enttäuschung zu umgehen. Es sind Schutzmechanismen, mit denen wir uns vor unangenehmen sozialen Erfahrungen schützen wollen. Das gelingt kurzfristig hervorragend, aber langfristig verspielen wir die Chance, positive Erfahrungen im Kontakt mit anderen zu machen und Beziehungen zu intensivieren. Um Ihren konkreten Strategien noch tiefer auf den Grund zu gehen, können Sie sich überlegen, ob Sie in Zukunft nicht ein Einsamkeitstagebuch führen wollen. In das tragen Sie ein, wann Sie sich einsam fühlen und warum, und wie Sie darauf reagieren. Denn **Selbstbeobachtung und Bewusstmachen** eines Problems ist der erste Schritt, sich aus dem Teufelskreis zu befreien.

Grundsätzlich hängt Einsamkeit, der nagende Schmerz ungestillter Sehnsucht nach Nähe und Geborgenheit, wie wir in Kapitel 1 gesehen haben, von drei Dingen ab:

1. der Beziehung zu uns selbst,
2. der Beziehung zu anderen Menschen,
3. der Beziehung zur Welt beziehungsweise zu einem System.

Eine dieser drei Formen liegt auch bei Ihnen zugrunde. Egal welche es ist, der zweite Schritt raus aus dem selbst gezimmerten Käfig Einsamkeit besteht vor allem darin, die **personalen** und **sozialen Ressourcen** zu stärken, findet der schwedische Gerontologieprofessors Lars Andersson.[28]

Selbstwertgefühl stärken: Der Generalschlüssel aus dem Käfig Einsamkeit

Als innere Stimme, als Widerhall dessen, was wir über uns denken und für uns empfinden, so definiert der US-amerikanische Psychologe Nathaniel Branden Selbstwertgefühl. Nicht zu verwechseln damit, was andere über uns denken und empfinden. „Unser Selbstwertgefühl wird nicht durch den Applaus anderer geschaffen. Ebenso wenig durch Belesenheit, materiellen Besitz, die Ehe, Einkaufsorgien, Elternschaft, philanthropische Bemühungen, sexuelle Eroberungen, berufliche Erfolge oder dadurch, dass wir uns das Gesicht liften lassen. Natürlich können diese Dinge dazu beitragen, dass wir uns kurzzeitig wohler und besser fühlen. Aber das ist nicht gleichzusetzen mit Selbstwertgefühl", erläutert Branden.[29] Die Psychologin Doris Wolf führt in ihrem Buch *Einsamkeit überwinden* aus, dass viele einsame Menschen nicht wissen, dass sie wenig Selbstachtung haben, und darüber hinaus ihre Feindseligkeit gegenüber anderen Menschen leugnen. „Sie bemerken nicht, wie sie sich dauernd brutal abwerten. Sie denken, dass sie sich schlecht fühlen, weil andere Menschen sie nicht mögen. Sie erkennen gewöhnlich nicht, dass ihr Unglücklichsein aus ihrem Inneren kommt und ihr wahrer Feind der Mangel an positiven Gedanken und Gefühlen über sich selbst ist", so Wolf.[30] Um diesem Negativ-Strudel zu entkommen, sollten wir wissen, dass alle Gefühle subjektiv und aus einer anerzogenen

Einstellung sich selbst (und auch anderen) gegenüber resultieren.

Ein Beispiel: Wer sich hässlich findet, glaubt, realistisch zu sein, wenn er sich keine überhöhten Hoffnung macht und sich so vor Enttäuschungen schützt. Andererseits fühlt er sich durch dieses Denkmuster minderwertig, hässlich und traurig und wird sich mehr und mehr zurückziehen und verbittert werden, weil es schließlich tatsächlich niemanden mehr gibt, der das anders sieht. Doch: Hässlich und schön sind absolut subjektive Bewertungen, und Attraktivität ist nicht das wichtigste Kriterium, um geliebt zu werden und begehrenswert zu sein.

Selbstbejahendes, sicheres Auftreten ist das, was zählt. Genauso wie ein **interessierter** *Geist,* der versucht zu wachsen, an sich selbst, an seinen Fähigkeiten und Erkenntnissen. Erinnern Sie sich zum Beispiel an Ramón Sampedro im oscargekrönten Kinofilm *Das Meer in mir* (2005), an diesen querschnittgelähmten 55-Jährigen, der durch Charme und Verstand die Frauenherzen für sich eroberte? Oder denken Sie an die Verfilmung von Henry V. mit Kenneth Branagh in der Hauptrolle (1989) – nun wirklich kein Bild von Mann, ja fast müsste man ihn als unscheinbar bezeichnen. Tatsächlich ist man zu Beginn des Films über die Auswahl des Schauspielers ein wenig enttäuscht, aber nach und nach nimmt einen die Gestalt Branaghs so positiv für sich ein, dass man, bezaubert von diesem Mann, dahinschmachtet. Er brilliert als einfühlsamer, mutiger, lernfähiger und selbstbewusster Typ mit Herz und Rückgrat, und man ertappt sich dabei, wie man ihn zum Traummann erhebt. Schließlich sind schöne Männer beziehungsweise Frauen eh nur oberflächlich, dumm und in sich selbst verliebt, so die allgemeine Ansicht. Von einem „hirnlosen schönen Geschöpf" spricht in diesem Zusammenhang auch Zyniker Lord Henry Wotton in Oscar Wildes Roman *Das Bildnis des Dorian Gray* [31] und erzählt wenig später: „Sie sagte mir, dass er ein sehr wertvoller Mensch sei und einen prachtvollen Charakter habe. Ich stellte mir natürlich sofort ein Wesen mit Brille, dünnem Haar und grässlichen Sommersprossen vor, das auf ungeheueren Füßen herumstapft (Anmerkung der Autorin: ... und nicht „den auffallend hübschen Dorian Gray mit seinen fein geschwungenen scharlachroten Lippen, den offenen blauen Augen und dem gewellten goldblonden Haar", der eigentlich gemeint war)".[32]

Sehen Sie, und so leicht gestalten wir uns mit unseren Meinungen und subjektiven Denkmustern unsere Welt. Folglich sind auch Minderwertigkeitsgefühle, die sich in unserer Mimik, Gestik und Körperhaltung widerspiegeln, lediglich Gefühle, das Ergebnis einer Einstellung. „Du solltest dir immer bewusst sein, dass dein Kopf deine Welt erschafft", appellierte schon einer der ersten Persönlichkeitsgurus, Ken Keyes jr., und betonte, dass wir selbst festlegen, wie wir uns fühlen und welchen Selbstwert wir uns zugestehen.[33] Wie hoch dieser Wert ist, wird insbesondere durch bestimmte Charakterzüge und durch prägende Erfahrungen, die uns möglicherweise einen negativen Stempel aufdrücken, bestimmt. Sei es, dass Eltern oder Personen, die wir sehr achteten – wie Lehrer, Chefs oder Partner –, uns nicht ausreichend wertschätzten, wir den von ihnen auferlegten Erwartungen nicht genügten, oder dass sie uns Fähigkeiten absprachen und uns klein hielten. „Die Erfahrung von Hilflosigkeit in der Interaktion mit anderen Personen, die sich die Betroffenen subjektiv mit stabilen persönlichen Fehlern und Defiziten erklären, lässt sich vor allem auf Erfahrungen in der Familie zurückführen, die in der Zurückweisung der Eltern bei fortdauerndem Bindungsstreben liegt", erklärt Hans-Werner Bischoff im Standardwerk *Sozialpsychologie* und folgert: Der Betroffene wertet sich selbst und unter Umständen auch andere Personen ab. Sein Selbstwertgefühl ist gering, er tendiert zu Schüchternheit und sozialer Ängstlichkeit.[34] Um diesen negativen Stempel zu tilgen, fragen Sie sich einmal, ob es tatsächliche eine Person in Ihrem Leben gibt oder gab, die möglicherweise durch ihre Äußerungen oder ihr Verhalten Ihren ganz individuellen Wert, Ihre Besonderheit als

Person missachtete und Ihnen diesen Wert nicht in dem Maße zugestand, wie Sie es sich wünschten.

Selbstwert-Killer neutralisieren

Gibt es so jemanden in Ihrem Leben, freunden Sie sich mit dem Gedanken an, ihm oder ihr zu verzeihen, um diese negative Weiche in Ihrem Denken aufzuheben. Wer es nicht aus eigener Kraft schafft, kann ein Seminar besuchen (Familien- und Organisationsaufstellung zum Beispiel beschäftigen sich mit dieser Problematik. Dass die Methode des „Aufstellens", des In-Beziehung-Setzens von Familienmitgliedern, Partnern oder Kollegen zu einem selbst und die daran anknüpfende Problemanalyse und Problemlösung funktioniert, hat der Wirtschaftsprofessor Fritz B. Simon von der Universität Witten-Herdecke in einer Studie nachgewiesen; ein Verzeichnis von professionellen Aufstellern finden Sie unter www.bdp-verband.org.)

Ist die negative Programmierung neutralisiert, können Sie neue Denkmuster entwickeln, die auf Sie zutreffen, indem Sie selbst abwägen, wie und wer Sie wirklich sind. Schließlich: Wer kann das besser als Sie selbst!? Lernen Sie sich zu mögen und zu akzeptieren. Wenn Sie sich selbst leiden können, fühlen Sie sich wohler in Ihrer Haut. Sie kommen viel leichter in Kontakt mit anderen, weil Sie nicht mehr so stark mit Selbstzweifeln und Unsicherheit kämpfen und offener auf andere zugehen können.

Wer bin ich? – Seien Sie authentisch

Natürlich verlangt keiner von Ihnen, dass Sie sich nur noch durch eine rosa Brille betrachten. Nein, Sie sollen realistisch einschätzen, welche Stärken und auch Schwächen Sie haben. Um das Ganze spielerisch anzugehen, finden Sie im Folgenden ein Quadrat. Schreiben Sie in die Mitte vier bis sieben positive

Eigenschaften, die Sie ausmachen, in die Ecken und Kanten vier bis sieben negative, die Sie nicht so lieben.

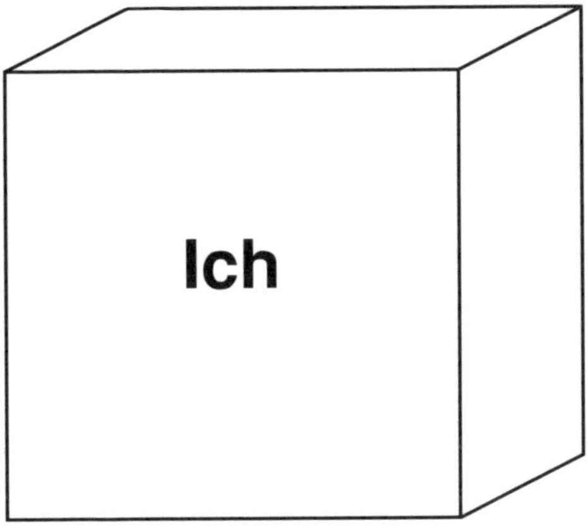

Schokoladenseiten, Ecken und Kanten – genau diese Kombination macht Sie aus, deshalb: Versuchen Sie, all Ihre Seiten anzunehmen. Und denken Sie daran: Jeder hat Fehler und Schwächen. Überlegen Sie sich an dieser Stelle auch einmal, welche Seiten Sie von sich zeigen – eventuell nur die guten? Wenn das der Fall ist, halten Sie Ihr Umfeld immer auf Abstand zu sich selbst und wirken nicht authentisch, denn jeder Mensch hat sowohl gute als auch schlechte Seiten. Oder vielleicht gehören Sie zu den Menschen, die ihre guten Seiten überhaupt nicht annehmen können und nur Ecken und Kanten sehen? Sollten Sie nur schlechte Seiten an sich wahrnehmen, fragen Sie sich, was passieren kann, wenn Sie das negative Vorzeichen herausnehmen.

Negative Bewertungen ändern

Ändern wir unsere Bewertungen, dann ändert sich auch unsere Welt, weil wir uns ändern. Was können Sie verlieren, wenn Sie es mal versuchen? Gehen wir vom schlimmsten Fall aus: Wenn Sie aufhören, sich täglich abzuwerten und zu beschimpfen, können Sie einsamer und unglücklicher werden? Werden die anderen Sie für einen Schaumschläger halten, weil Sie nicht auf dem Boden der Tatsachen bleiben und sich Illusionen hingeben? Wohl kaum, probieren Sie es aus! Wie meinte dazu schon der österreichische Persönlichkeitsexperte und Körpersprachenguru Samy Molcho in der *Focus*-Titelgeschichte „Warum bin ich so?“: Aus einer sauren Zitrone könne man keinen Himbeersaft machen, wohl aber süße Zitronenlimonade ... [35]

Übung: Schreiben Sie im Folgenden auf, was Sie sich alles in Ihrem Leben vorwerfen:

Ich sollte

....

....

Ich werde nie

....

....

Ich kann nicht

....

....

Immer wenn

....

dann

....

Ich bin so

....

....

Fragen Sie sich jetzt, was Sie verlieren können, wenn Sie diese Thesen aufgeben und sich so akzeptieren, wie Sie sind. Das heißt nicht, dass Sie sich nicht bemühen sollen, das Beste aus Ihrer Situation zu machen. Aber: Dass Sie aufhören, von sich etwas zu fordern, was Sie im Augenblick nicht oder vielleicht niemals ändern können. Es bedeutet aufzuhören, sich ständig unter Druck zu setzen, wodurch Sie nur Nachteile erlangen. Es bedeutet, sich im Augenblick so anzunehmen, wie Sie sind, einen „illusionslosen Optimismus“ zu leben. „Sind Sie bereit, daran zu arbeiten, sich im Augenblick so anzunehmen, wie Sie sind? Dann haben Sie schon den ersten Schritt zu mehr Selbstachtung getan“, betont Psychologin Wolf.[36]

Steigern Sie Ihren Selbstwert

Lassen Sie sich einmal auf folgendes Gedankenspiel ein: Überlegen Sie, wie Sie jemanden behandeln, den Sie respektieren und achten. Wahrscheinlich werden Sie freundlich mit ihm sprechen, Wert auf Ihr Äußeres legen, gut über ihn denken. Sie werden sich überlegen, welche Freude Sie ihm machen können, ihn überraschen und stolz darauf sein, ihn zum Freund zu haben. Was wäre, wenn Sie dieses Gedankenspiel nun auf sich selbst übertragen? Selbstachtung zeichnet sich vor allem dadurch aus, dass Sie bereit sind, sich liebevoll zu betrachten und behutsam zu behandeln. Bedenken Sie: Wer sich selbst mag und akzeptiert, hat eine ganz andere Ausstrahlung, die ihn attraktiv und anziehend erscheinen lässt. Und:

Andere Menschen suchen nach jemandem, der sie begeistert und inspiriert, und nicht nach einer Person, die sich nicht mag und die Allgemeinheit dafür verantwortlich macht. Verbessern Sie die Interaktion mit sich selbst und **geben Sie sich Kraft, Ausstrahlung und Liebe**. Sehen Sie die folgenden Punkte nicht als Ab-und-zu-Anregung, sondern als Lebensprinzip, das **täglicher Anwendung** bedarf!

- **Verwöhnen Sie sich.** Kochen Sie, statt Tiefkühlpizza und asiatische Fertigsuppen zuzubereiten. Setzen Sie sich zum Essen hin, nehmen Sie sich Zeit und essen Sie nicht im Stehen nach dem Motto: Kühlschrank auf, Wurst, Butter und Brot aufs Schneidbrettchen, streich, schnibbel und fertig ist die Mahlzeit. Sagen Sie solchen Rohheiten ade! Kaufen Sie nicht immer nur Billigprodukte, sondern gönnen Sie sich auch mal etwas Besonderes. Schenken Sie sich am Wochenende einen Strauß Blumen oder sexy Unterwäsche. Gehen Sie ins Kino oder besuchen Sie ein Konzert.
- Stehen Sie morgens früher auf, um **etwas nur für sich selbst** zu tun, zum Beispiel schon vor dem Büro oder bevor Sie die Kinder wecken schwimmen zu gehen, die Zeitung ausgiebig bei klassischer Musik zu lesen oder um in einem netten kleinen Café zu frühstücken.
- Gewöhnen Sie sich an, sich abends zu fragen, was Sie im Laufe des Tages **gut gemacht haben**.
- **Loben Sie sich**, wenn Ihnen etwas besonders geglückt ist, und warum stoßen Sie nicht auch mal mit einem Gläschen Sekt oder einem guten Tropfen Wein darauf an!?
- **Legen Sie Wert auf Ihr Äußeres:** Kleiden Sie sich gut, schminken Sie sich etwas und achten Sie auf Ihre Körperhaltung; die wird allerdings automatisch besser, je besser Sie Ihr Selbst pflegen.
- **Lächeln Sie!** Wie wir von der Neurochemie wissen, hebt Lächeln durch die Ausschüttung von Glückshormonen unsere Stimmung. Allerdings nur, wenn Sie dabei nicht nur die

Mundwinkel nach oben ziehen, sondern sich Lachfältchen um Ihre Augenwinkel kräuseln. Denn erst durch Anspannung des Augenringmuskels schüttet das Gehirn die glücklich machenden Botenstoffe aus. Am besten bauen Sie das Lachen wie das Zähneputzen in Ihre Morgentoilette ein, dann starten Sie gleich fröhlicher und wacher in den Tag.

- **Leben Sie bewusst.** „Wir wissen, dass ein aufrichtiges Bemühen, Dinge zu verstehen, das Selbstvertrauen beflügelt, und dass ein Verzicht auf dieses Benehmen einen gegenteiligen Effekt hat“, erklärt Psychologe Branden. „Wir wissen, dass Personen, die bewusst leben, sich kompetenter fühlen als diejenigen, die gedankenlos durchs Leben gehen“, so Branden weiter und plädiert dafür, Kopf und Herz einzuschalten und bewusst zu leben, sich nicht leben zu lassen, nicht ständig in Grübelschleifen zu versacken und Tatsachen zu negieren.[37] Die einfachste Form des Verrats wäre zum Beispiel zu sagen: „Ich weiß, ich gebe in meinem Leben (beruflich beziehungsweise in meiner Beziehung) nicht mein Bestes, aber ich möchte nicht darüber nachdenken.“ „Ich weiß, so wie ich esse, ruiniere ich meine Gesundheit, aber ...“ oder „Was soll das heißen, ich trinke zu viel? Ich kann jederzeit aufhören, wenn ich das will“.
- **Stoppen Sie Negativ-Bewertungen.** Wenn Sie feststellen, dass Sie in Ihr altes Schema fallen und sich abzuwerten beginnen („Ich bin ein Versager, nichts gelingt mir“, „Ich sehe nicht gut aus“ oder „Ich bin ödes Mittelmaß“), stoppen Sie diese Abwärtsspirale sofort und setzen Sie Positives dagegen. Etwa in dem Sie an frühere Erfolge denken, an Ihre Stärken und was Sie im Leben bereits alles erreicht haben.
- Stärken Sie sich mit **Affirmationen** wie „Ich nehme mich so an, wie ich bin, ich liebe mich so, wie ich bin!“, „Ich habe Vertrauen zu mir und meinem Leben!“, „Von heute an lerne ich, stark und selbstbewusst zu sein!“, „Alles, was ich wirklich will, kann ich auch erreichen!“ oder „Jedes Problem, das ich löse, macht mich stärker!“.

- **Raus aus dem Grübeln!** Sie verstehen sich dadurch nicht besser, kommen Ihrem Problem nicht näher, sondern nähren stattdessen melancholische Gefühle, wie die Stanford-Psychologin Susan Nolen-Hoeksma herausfand. Besser, so ihr Rat, bewusst an positive Alternativen denken bzw. angenehme, zerstreuende Aktionen unternehmen, ins Kino gehen, Musik hören[38] oder Freunde treffen. Sich mit anderen zu treffen oder mit ihnen zu telefonieren, hilft eigentlich immer, um einen momentanen Tiefpunkt zu überwinden.
- Gestehen Sie sich zu, **Fehler zu machen**. Sehen Sie sie nicht als peinliche Fehltritte, sondern als Möglichkeit, neue Erfahrungen zu sammeln, an ihnen zu wachsen. Eine solche Fehlerkultur ist übrigens in amerikanischen Firmen gang und gäbe. Dazu der US-Organisationspsychologe Roderick Kramer gegenüber dem *Harvard Business Manager*: „Menschen in leitenden Positionen – und die Öffentlichkeit – müssen einsehen, dass es kein Zeichen von Schwäche ist, eine Ansicht zu revidieren. Stattdessen wird damit die Lernfähigkeit signalisiert. George Bush sen. wurde einmal vom früheren Senator George McGovern dafür gelobt, seine Haltung zur staatlichen Krankenversicherung radikal geändert zu haben. Als junger Kongressabgeordneter hatte sich Bush ursprünglich gegen diese ausgesprochen. ‚Es ist keine Sünde, seine Meinung zu ändern', so McGovern über den Sinneswandel. ‚Sie zeigen auf diese Weise nur, dass Sie heute klüger sind als gestern.'"[39] Der Psychologe Martin Seligman hat außerdem herausgefunden, dass Siegertypen Niederlagen auf etwas zurückführen, das sich ändern lässt, so dass sie beim nächsten Mal mehr Erfolg haben, während Verlierer die Schuld der Niederlage auf sich nehmen und sie einem Merkmal zuschreiben, an dem sie nichts ändern können.[40] Siegertypen oder Optimisten sind es auch, die, um Fehler oder Schwächen auszubügeln, sich weiterbilden, zum Beispiel durch einen Rhetorikkurs oder indem sie ihre Sprachkenntnisse auffrischen.

Sehen Sie Alleinsein konstruktiv

Kennen Sie das Gefühl, dass Sie sich gerade dann besonders einsam fühlen, wenn Sie alleine sind, obwohl Alleinsein grundsätzlich etwas völlig Normales ist? Jeden Tag sind wir, abhängig davon, in welchem Umfeld wir leben, ob wir Kinder erziehen, einer zurückgezogenen Arbeit nachgehen oder viel mit Kunden und Kollegen zu tun haben, mehrere Stunden ganz allein. Überlegen Sie mal, wie viel Zeit Sie solo verbringen mit schlafen, duschen, zur Arbeit oder zum Kindergarten fahren, mit kochen etc. „Das sind im Schnitt 40 Prozent Zeit, die wir pro Tag allein verbringen", rechnet Psychologieprofessor Röhrle vor und meint, „Wenn man Ihnen die wegnehmen würde, würden Sie vermutlich zu jammern beginnen". Denn nicht immer empfinden wir diese Zeit als trist und traurig. Überlegen Sie doch mal, wann Sie sie genießen und in welchen Situationen Sie unter keinen Umständen jemand anderen herbeiwünschen? Zum Beispiel beim Einkaufsbummel durch die Stadt, beim Schwimmen, beim Lesen oder beim Motorradfahren, wo Sie in ein raum- und zeitleeres Losgelöstsein gelangen, in den so genannten **Flow**: „Einen Zustand der Konzentration, der so fokussiert ist, dass er das absolute Von-einer-Aktivität-aufgesogen-Sein bedeutet." Und das können Sie nur beim Alleinsein während einer Tätigkeit erleben.[41]

Andererseits, warum nutzen Sie die Zeit nicht, die Ihnen zur Verfügung steht, um zum Beispiel eine neue Sprache zu lernen, Sport zu treiben, einen Kochkurs zu besuchen, um etwas Sinnvolles damit anzustellen, anstatt sich traurig zu fühlen? Gerade wenn der emotionale Druck besonders hoch wird, ist es nach Erkenntnis von Psychologen ratsam, sich zu zerstreuen, um nicht in Selbstmitleid zu zerfließen, der einen nur noch trauriger macht und tiefer in die Einsamkeitsspirale geraten lässt. Gehen Sie in solchen Situationen in die **Aktion**! Handeln Sie und machen Sie etwas aus diesem kostbaren Gut Zeit. Klar, das ist oft leichter gesagt, als getan, aber wenn Sie sich erst einmal aufgerafft haben, läuft das fast von selbst –

insbesondere, wenn Sie sich für eine Veranstaltung angemeldet haben, die wöchentliche Anwesenheitspflicht erfordert, wie etwa einen Sprachkurs, einen Computer-Workshop oder die Mitgliedschaft in einem Fitnessstudio. Ein weiterer Anreiz durchzuhalten ist die Tatsache, dass Sie sonst Ihren Geldbeutel auf unnötige Weise schröpfen, wenn Sie nichts tun.

Fragen Sie sich: Was interessiert mich? Was haben Sie früher gerne gemacht, was machen Sie gerne mit anderen (und ginge das nicht auch alleine)? Zum Beispiel Sport – joggen, walken, Rad fahren oder spazierengehen. Außerdem, so hat der französische Psychiater und Neurowissenschaftler David Servan-Schreiber herausgefunden, hellt Bewegung die Stimmung auf. Anregungen, was so alles im Sektor Freizeitaktivitäten geboten wird, bringt ein Blick in das Programm Ihrer Volkshochschule (weitere Tipps finden Sie auch auf Seite 109). Daneben können Sie sich durchaus auch ausgefallene Aktivitäten überlegen, zum Beispiel einmal nackt zu malen, und das ist kein Scherz! Ein bekannter Werbefachmann outete sich und gab zu, dass er, wenn es ihm schlecht geht, einen Eimer Farbe kauft, sich auszieht und nackt malt. Sie können aber auch über eine Kaffeesatz-Maske, einen wilden Gebärdentanz oder andere Verrücktheiten nachdenken, bei denen ein Zweiter mit einem entsprechenden Kommentar nur stören würde. Schließlich zerreißen Zerstreuungen die Kette der Gedanken, die Tristesse nähren. Das bestätigen nicht nur die in diesem Buch interviewten Betroffenen, sondern auch die von US-Psychologin Diane Tice Befragten. Zu ihren beliebtesten Zerstreuungen zählten zum Beispiel Lesen, Fernsehen, Puzzeln, Schlafen und Tagträumen. Auch Sport wurde genannt, daneben Genüsse wie ein heißes Bad nehmen, Musik hören oder Sex. Sich ein gutes Essen oder ein Geschenk zu gönnen, ist bei Frauen besonders beliebt, ebenso wie Einkaufen gehen und sei es nur ein Schaufensterbummel. Männer gaben leider fünfmal so häufig an, Alkohol und Drogen zu konsumieren, was ihre traurige Stimmung auf Dauer nur verstärkt. Konstruktiver ist es, einen kleinen Triumph zu feiern und sei es, indem Sie eine lange aufgeschobene Arbeit im Haushalt in Angriff nehmen, sich schminken, an andere denken, denen es noch schlechter geht, beziehungsweise anderen helfen oder beten, weiß Expertin Tice.[42]

„Doch es wäre zu simpel, nur zu versuchen, die freie Zeit positiv umpolen zu wollen, wichtig ist auch, eine **Perspektive** zu entwickeln", erklärt der Psychologe Röhrle und rät zu einem Gespräch mit sich selbst. „Fragen Sie sich, was will ich heute? Wie will ich meinen Tag gestalten? Und beginnen Sie einen Wochenplan mit Verabredungen mit sich selbst zu erstellen, und vergessen Sie darin nicht, auch Ihren Urlaub einzuplanen" – als eines der Highlights im Jahresverlauf, auf das Sie sich freuen können. (Schließlich bedeutet Urlaub nicht nur Tapetenwechsel, sondern eröffnet Ihnen auch die Möglichkeit, neue Leute kennen zu lernen.)

Kein Schwein ruft mich an, keine Sau interessiert sich für mich

Wer kennt nicht das Lied *Kein Schwein ruft mich an,* das die Tristesse der Einsamkeit auf die Schippe nimmt – das Warten auf Anschluss, auf den Impuls von außen. Doch statt mit Warten die Zeit totzuschlagen, ist Handeln angesagt! Prüfen Sie Ihr soziales Netzwerk und bauen Sie im Bedarfsfall neue Kontakte auf. Anleitungen dazu finden Sie in diesem Kapitel.

Kein Schwein ruft mich an

Kein Schwein ruft mich an,
keine Sau interessiert sich für mich,
solange ich hier wohn',
ist es fast wie Hohn,
schweigt das Telefon.

Kein Schwein ruft mich an,
keine Sau interessiert sich für mich.
Und ich frage mich,
denkt gelegentlich
jemand mal an mich?

Den Zustand find' ich höchst fatal,
für heut'ge Zeiten nicht normal,
wo jeder nur darüber klagt,
das Telefon an Nerven nagt.
Ich trau' mich kaum mehr aus der Tür,
denn stets hab' ich vermutet,
dass kaum, dass ich das Haus verlass',
es klingelt oder tutet.

Vielleicht, dass manche mich im Land der Dänen wähnen,
oder fern von hier, wo die Hyänen gähnen.

Denn kein Schwein ruft mich an,
keine Sau interessiert sich für mich,
doch liegt es nicht an mir,
ich zahle monatlich
die Telefongebühr.

Das war für mich kein Zustand mehr,
es musste eine Lösung her,
das war für mich sofort der
Anrufbeantworter.

Und als ich dann nach Hause kam,
war ich vor Glück und Freude lahm,
es blinkt mir froh der Apparat,
dass jemand angerufen hat.

Die süße Stimme einer Frau
verrät mir und erzählt:
„Verzeihen Sie, mein werter Herr,
ich habe mich verwählt."

Original: Comedian Harmonists

Prüfen Sie den Status quo Ihrer sozialen Kontakte

Um sich über Ihr soziales Netzwerk klar zu werden, rät das Handbuch *Einsamkeit bewältigen* von Professor Röhrle und Kollegen, sollten Sie sich zwei Blatt Papier nehmen und Ihre aktuellen Beziehungen nach der folgenden Methode skizzieren:[43]

1. **Sammeln** Sie zunächst in einer Art Brainstorming **Menschen**, die Sie aus verschiedenen Bereichen kennen (zum Beispiel Familie, Freunde, Verwandte, Nachbarn, Arbeit, Sport/Hobby, alte Schulfreunde etc.).
2. Jetzt nehmen Sie ein neues Blatt Papier und schreiben in die **Mitte des Blattes „Ich"** mit einem Kreis darum herum. Um dieses Zentrum legen Sie **weitere Kreise** an.
3. Anschließend ordnen Sie die Bereiche, in die sich Ihr Umfeld verteilt (Familie, Job, Sport etc.), in **Segmente um Sie herum** an. Die Menschen, mit denen Sie eine engere Beziehung pflegen, kommen in den Kreis, der sich Ihnen am nächsten befindet, die anderen in den weiter von Ihnen entfernten.

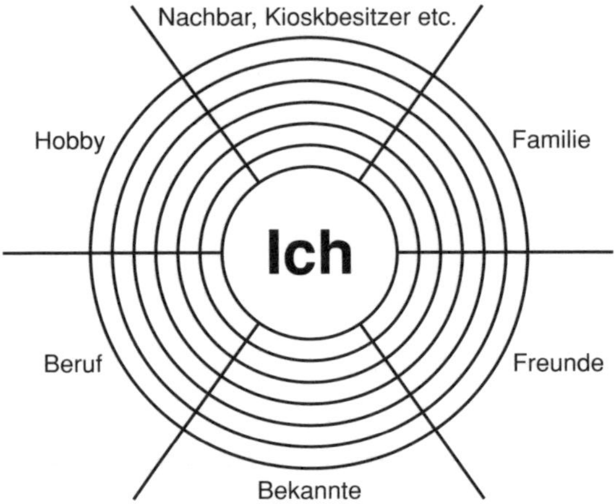

4. Mit einem **roten Stift** unterstreichen Sie die Personen, bei denen – wie Sie finden – Ihre Wunschbeziehung und die tatsächliche Beziehung **auseinander klaffen**, wo Sie beispielsweise mit dem sozialen Kontakt unzufrieden sind und etwas ändern wollen, weil Sie nicht die Unterstützung bekommen, die Sie gerne hätten beziehungsweise selbst nicht geben wollen.
5. Mit einem **Pfeil**, der zum „Ich“ hinführt, markieren Sie denjenigen, mit dem Sie gerne eine intensivere **Beziehung** eingehen würden. Mit einem Pfeil, der vom „Ich“ wegführt, markieren Sie denjenigen, zu dem Sie gerne mehr Abstand hätten.
6. Jetzt nehmen Sie einen **grünen Stift** zur Hand und markieren die Menschen, zu denen Sie eine **zufrieden stellende Beziehung** besitzen.

Achtung: „Es kann durchaus vorkommen, dass (fast) niemand in den inneren Kreisen um Sie herum steht und Sie so Ihre soziale Isoliertheit deutlich vor Augen geführt bekommen. Oder es kann sich herausstellen, dass Sie mit vielen Menschen in Kontakt stehen, ohne sich mit diesen wirklich verbunden zu fühlen beziehungsweise dass Ihnen einige Menschen einfallen, mit denen Sie sich wohl fühlen und die Sie eigentlich wieder anrufen könnten“, weiß Psychologe Röhrle und rät dazu, nach neuen oder ausbaufähigen beziehungsweise früher einmal tragfähigen Beziehungen zu suchen.[44] Schließlich sind diese Skizzen lediglich eine Momentaufnahme Ihrer sozialen Verbindungen, die sich ständig verändern. Um tiefer zu blicken, fragen Sie sich:

Check-up: Welche Ihrer Bedürfnisse werden in Ihrem Netzwerk erfüllt, welche nicht, und wo liegen mögliche Ursachen verborgen?

1. Welche **Bedürfnisse** werden in den bestehenden Beziehungen erfüllt?
2. Wonach **sehnen Sie sich in Ihrem Umfeld**? Was fehlt Ihnen, welche Bedürfnisse bleiben unerfüllt?
3. Kann es sein, dass mögliche **mentale Barrieren** verhindern, dass Sie in Ihrem sozialen Netzwerk die Unterstützung erhalten, die Sie sich wünschen, zum Beispiel weil
   - jeder nur dem nächsten Karriereziel hinterherhechelt, Individualismus das Leben bestimmt.
   - Sie sehr hohe Ansprüche haben und andere Sie schnell langweilen. Werden Sie sich darüber klar, dass Sie nicht mit jedem alle Ihre Interessen teilen müssen, sondern manch einer nur eine Facette Ihres Bedürfnisspektrums abdeckt. Und genau das macht ihn für Sie einzigartig und bereichernd – etwa die feinfühlige Freundin mit ihren weisen Herzenstipps, der Freund, der Sie in Job-Angelegenheiten anstachelt und coacht, die Bekannte, mit der Sie sich königlich amüsieren können und die Ihr Faible für Horrorfilme teilt.
   - Sie möglicherweise von den anderen denken, dass diese nicht emphatisch genug sind, sich nicht für Sie interessieren. Sie finden, dass die anderen glauben, sich zu sehr in

Ihr Leben einzumischen, sich zu sehr zu verpflichten beziehungsweise diese zu weit von Ihnen entfernt leben und gar nicht wissen, was Sie brauchen.

- Anderseits kann es auch sein, dass Sie zu zurückgezogen leben und anderen kaum anvertrauen, wie es Ihnen geht und was Sie sich wünschen – nach dem Motto: „Was geht die das an?“ beziehungsweise „Ich möchte anderen nicht auf den Nerv fallen, das schaffe ich schon alleine“. Tipp: Werden Sie sich dessen bewusst und lesen Sie in diesem Zusammenhang auch noch mal auf Seite 85 ff.nach, wie Sie negative Einstellungen und Vorurteile abstellen und Ihr Ego stärken können.

Aktive Suche nach neuen Freunden

Beginnen Sie bei Ihrer Suche nach neuen Kontakten beim Naheliegendsten: Überlegen Sie sich, zu welchen Personen Sie gerne Kontakt haben würden, die vielleicht diffus in Ihrem Netzwerk vorhanden sind, weil Sie sie beispielsweise von früher her kennen. Warum nehmen Sie nicht zu einem alten Bekannten wieder Kontakt auf, indem Sie ihn spontan anrufen, ihm Grüße bestellen lassen, ihm eine Mail oder einen Brief schreiben? Wer nach Schulkameraden fahnden möchte, findet dazu bei den Online-Börsen www.passado.de oder www.stayfriends.de gute Unterstützung. Vielleicht können Sie ja auch mit einem zerstrittenen Familienmitglied, einem Freund oder Kollegen einfach offen sprechen und mögliche Streitpunkte klären, irgendwann ist es für viele Zwistigkeiten an der Zeit, das Kriegsbeil zu begraben.

Bedenken Sie, dass auch Verbindungen von Freunden zu Freunden aktivierbar sind. Genau nach diesem Prinzip funktionieren zum Beispiel die vielen neuen **Freundschaftsnetzwerke** im World Wide Web, etwa www.groonity.de oder www.myfriends. de. Die Mitglieder dieser Portale laden Freunde ins Netz ein und die wiederum laden ihre Freunde ein. Mit Passwort kann sich jeder registrierte Nutzer durch die einzelnen Netzwerke klicken und kann bei gleicher Interessenslage oder wenn er in eine andere Stadt reisen muss, mit diesen Menschen leicht in Kontakt treten. Und so läuft es auch im richtigen Leben, Sie müssen nur den Wunsch dazu äußern beziehungsweise nach der Telefonnummer eines Freundes fragen. In China werden diese so genannten „guanxi", die Beziehungsnetzwerke, besonders gut und ausgiebig genutzt. Da ist es an der Tagesordnung, um Hilfe, Kontakte etc. zu bitten, ebenso wie in den USA oder in Australien. Nur muss man bei den Aussies damit rechnen, dass sich plötzlich der Freund eines Freundes bei einem heimisch niederlässt und aus einer Woche – vier werden. Tja, andere Länder, andere Sitten, aber es gibt ja in solchen Fällen auch billige Pensionen, auf die man in der Not verweisen kann.

Doch nicht nur über Freunde, auch über die eigenen Interessen können Sie neue Bekanntschaften machen. Bei der Suche nach Freizeitpartnern, mit denen Sie gemeinsamen Hobbys nachgehen können wie Joggen, Schwimmen, Radfahren, ins Kino oder ausgehen, helfen spezielle Internetbörsen wie www.palun.de, www.new-in-town.de oder www.7people.de oder www.aimido.de. Auf Fortbildungskursen wie sie etwa die Volkshochschule recht preiswert anbietet, können Sie gleich zwei Fliegen mit einer Klappe schlagen: Sie lernen ein neues Hobby und haben die Möglichkeit, neue Kontakte zu knüpfen. Besonders interessant sind auf dem Freizeit-Weiterbildungssektor derzeit Kochkurse, weil man in einem lockeren Umfeld nette Menschen trifft, Neues lernt und hinterher gut isst. Allerdings: Begehen Sie nie den Fehler, sich auf Billigheimer-Angebote der Stadtmagazine einzulassen wie kostenlose Weinprobe, Galerie-Eröffnung etc. Das bringt mehr Frust, als dass sich der Aufwand rechnen würde, da die meisten Besucher nur zum Gratis-Sattessen vorbeischauen und darüber hinaus kein Interesse an Kontakten haben. Also: Finger weg von solchen Schnorrer-Veranstaltungen, da gibt es Besseres, auch für Menschen mit kleinem Geldbeutel. Obwohl klassische Organisationsformen wie Vereine für solche Leute wegbrechen, haben sie zum Beispiel die Eckkneipe zum Premieregucken entdeckt, ebenso wie die Tankstelle, die vor allem in ländlichen Gegenden eine Mischung aus Jugendtreff und Kneipe darstellt.

Eine schier unerschöpfliche Quelle von Kontaktmöglichkeiten bietet auch das Internet speziell in Foren, die es für alle Interessen und Probleme gibt. Am besten füttern Sie eine der Suchmaschinen, wie beispielsweise Google, mit Ihren Suchkriterien. In den Foren findet man Gleichgesinnte, wenn es gilt, den Verlust eines Partners zu verwinden (www.verwitwet.de), wenn Sie sich als Hausfrau einsam fühlen (www.Hausfrauenrevolution.de) oder Sie einfach ein Ohr brauchen, um mit jemanden über Ihre Probleme zu reden (www.telefonseelsorge.de) beziehungsweise sich gerne einer Selbsthilfegruppe anschließen würden.

„Einsamer nie als im August“ – Single-SOS

Einsamer nie –

Einsamer nie als im August:
Erfüllungsstunde – im Gelände
Die roten und die goldenen Brände
Doch wo ist deiner Gärten Lust?

Die Seen hell, die Himmel weich,
die Äcker rein und glänzen leise,
doch wo sind Sieg und Siegbeweise
aus dem von dir vertretenen Reich?

Wo alles sich durch Glück beweist
Und tauscht den Blick und tauscht die Ringe

Im Weingeruch, im Rausch der Dinge -:
Dienst du dem Gegenglück, dem Geist

Gottfried Benn (1886–1956)

Gerade im August ist es für Singles auf Partnersuche am schlimmsten, mit dem Einsamsein klarzukommen: Sie sehen überall engumschlungene, leichtgeschürzte Paare und wissen, dass der Sommer sich langsam seinem Ende entgegenneigt und bald wieder lange Herbst- und Wintermonate Einzug halten ...

Was uns hindert, einen Partner zu finden

Häufig führen bei Singles **überhöhte Erwartungen** zum Einsamsein, lautet der Tenor der Experten. Einsame Singles träumen von einem Bratt-Pit-Pendant mit Traumposten und Frauenverständnis wie die beste Freundin, der einem alle Wünsche von den Augen abliest, beziehungsweise von einem Partner mit Pamela-Anderson-Figur und Harvard-Abschluss. Nach einer Studie haben mehr als 60 Prozent der Single-Frauen und 52 Prozent der Single-Männer „(sehr) hohe" Erwartungen an ihr Wunschpendant. Hierbei überschätzen sie oft den eigenen „Mate Value" oder „Partnerwert".[45] Wer sich kritisch im Spiegel betrachte, könne seine Ansprüche an den anderen realistischer definieren, folgert dazu in einer Titelgeschichte der *Focus*, in der es weiter heißt: „Dabei lässt sich einiges von den Beuteldachsweibchen lernen, die den Partner zwar auch nach der Größe seiner Gastgeschenke erwählen – aber dabei nicht auch noch Mr. Perfect erwarten."[46] Fragen Sie sich also, ob Sie die Anforderungen, die Sie an Ihre potenzielle Liebe stellen, auch umgekehrt erfüllen können. Überlegen Sie sich außerdem einmal, ob Sie mit sich selbst eine Liaison eingehen würden? Wenn Sie zum Beispiel nur Tiefkühlpizza essen, vor der Glotze rumhängen oder exzessiv lesen, Trübsal blasen und sich gehen lassen. Nein? Dann sollten Sie vielleicht erst einmal die Beziehung mit sich selbst zu pflegen beginnen, bevor Sie auf Braut- beziehungsweise Bräutigamschau gehen (mehr dazu siehe Kapitel 3, Seite 85 ff.).

Ein anderer Punkt, der ungewollten Single-Frust fördert, sind zu hehre Vorstellungen davon, dass ein Partner **alle** sozialen wie intellektuellen **Bedürfnisse erfüllen** muss. Wichtig ist, dass der andere die grundlegenden Kriterien, die Sie mit Partnerschaft verbinden, abdeckt. Den Rest müssen Sie mit entsprechenden Freunden, mit Lektüre oder Eigenengagement stillen. Und vielleicht können Sie ihn oder sie ja auch für Ihre Musikleidenschaft, Ihr Faible für Kickboxen etc. begeistern!? Daher: Weisen Sie den anderen nicht gleich zurück, wenn er/sie nicht 100-prozentig Ihren Erwartungen entspricht. Sie müssen nicht mit jedem Menschen alle Interessen und Ansichten teilen; gerade durch die Unterschiedlichkeit und dadurch, dass andere mit bestimmten Situationen anders umgehen, können Sie profitieren und daraus lernen. Nicht umsonst bauen immer mehr erfolgreiche Unternehmen auf „Diversity". Das bedeutet, Mitarbeiter aus unterschiedlichen Kulturen, Frauen und Männer, Hetero- wie Homosexuelle in Teams zusammenarbeiten zu lassen, um so als Unternehmen von der Vielfalt an Meinungen und Ansichten zu profitieren.

Aber – mal ganz ehrlich – vielleicht sind Sie ja auch nur verliebt in die Liebe, in dieses Schmetterlinge-im-Bauch-Gefühl und sind gar nicht bereit, sich auf eine Partnerschaft einzulassen, sondern sind als *Donna Juanita* oder *Don Juan* ständig auf der Suche nach der nächsten Eroberung? Schließlich gibt es ja so viele anziehende Männer und Frauen, warum sich da auf einen/eine festlegen und dieses Prickeln, dieses Sich-ganz-und-gar-lebendig-Fühlen aufgeben?

Doch zurück zu denen, die wahrhaft suchen: Sie sollten darauf achten, dass durch den großen Wunsch nach Zweisamkeit nicht die **Wertschätzung für Freundschaften und Bekanntschaften** verloren geht. Wer sich zu stark auf das Scannen seines Umfelds nach einem potenziellen Partner konzentriert, läuft

Gefahr, diese Beziehungen als zu unbefriedigend abzutun, und übersieht leicht Unterstützungsversuche oder Anknüpfungsmöglichkeiten. Lernen Sie die Wichtigkeit dieser Kontakte kennen und schätzen, denn für ein gesundes soziales Umfeld zählt es nicht nur, einen Partner zu finden, fast noch kostbarer ist ein guter Freundeskreis! Er ist eine wichtige Stütze gegen Einsamkeit im Alltag und sorgt dafür, dass Sie sich eingebettet fühlen.

Check-up: Was wünschen Sie sich von einem Partner?

1. Ohne einen Partner ist

....

....

2. Von meinem Partner verspreche ich mir

....

....

3. Diese drei Charaktereigenschaften sind mir bei meinem Partner sehr wichtig

....

....

4. Was wünsche ich mir darüber hinaus von einer Liebe?

....

....

5. Könnte ich das möglicherweise auch von einem Freund, einer Freundin bekommen?

....

....

6. Mit einem Freund/einer Freundin kann ich

....

....

7. Das Wichtigste in sozialen Beziehungen ist

....

....

8. Wenn ich dringend Unterstützung brauche, kann ich

....

....

Überprüfen Sie nun Ihre Antworten: Befindet sich unter ihnen auch eine, die negativ formuliert ist? Wenn Sie diese nun positiv ausdrücken müssten, wie würde die Antwort lauten? Und versuchen Sie diese dann in Ihrem Alltag zu leben. Bei der erfolgreichen Umsetzung vergessen Sie sich nicht zu loben!

Wo entdecken Sie eine neue Liebe?

Am einfachsten und am vielversprechendsten ist das **eigene soziale Netzwerk**. Im Job beziehungsweise über Bekannte, Freunde oder Kollegen lernen Sie bei gemeinsamen Aktivitäten am leichtesten neue Menschen kennen. Fast zwangsläufig können Sie mit anderen in Ihrer Nachbarschaft in Kontakt kommen, wo man sich vom Nachbarn mal ein Ei borgt, sich um dessen Post kümmert oder sich die Zeitung teilt. Gute Jagdgründe sind auch der **Supermarkt**, der Zeitschriftenhändler, am Samstagvormittag die Schlange beim Bäcker oder Metzger sowie der Biergaten.

Wollen Sie die Sache offensiver angehen, erzählen Sie in Ihrem Freundes- und Bekanntenkreis, dass Sie jemanden suchen, mit dem Sie ausgehen und etwas unternehmen können. Eine gute Alternative für Städter sind elektronische **Freizeitbörsen** wie www.palum.de oder www.new-in-town.de. Sie vermitteln Gleichgesinnte zum Sporteln, Ausgehen oder für einen Kinoabend. **Fortbildungskurse** etwa an der Volkschule, Lesungen und Business-Clubs sind ebenfalls geeignet, neue Leute kennen zu lernen, und haben den Vorteil, dass keiner den anderen kennt und Sie über die Veranstaltung ein gemeinsames Interesse teilen.

Kontaktanzeigen ermöglichen es, gezielt den richtigen Partner zu finden. Jüngere Leute helfen ihrem Glück immer mehr online auf die Sprünge, indem sie Hilfe im Internet suchen. Besonders beliebt: So genannte Matching-Börsen, die bei der Suche nach einem Partner ihre Datenbanken nach Entsprechungen und Gemeinsamkeiten abfragen, wie etwa www.match.com, www.parship.de oder www.neu.de. Eine besonders ausgefallene Geschäftsidee hat sich Reid Mihalkos in New York überlegt, der Hochburg der Singles und Stadtneurotiker, die amerikanische TV-Serien wie *Ally McBeal* oder *Sex and the City* bis zum Kultstatus feierten. Für 25 Euro Eintritt bietet er Kuschelparties in seinem Apartment an, bei denen sich die Teilnehmer durch Streicheln, Massieren und auf Nachfrage auch Küssen näher kommen (www.cuddleparty.com). Ob damit jeder auf seine Kosten kommt – wer weiß?, in jedem Fall eine etwas abseitige Art des Zueinanderfindens. In Berlin gibt es bereits einen ersten Nachahmer: www.die-kuschelparty.de oder www.zeit-zum-kuscheln.de.

Mehr Souveränität und Gewandtheit im Umgang mit anderen

Auch wenn Ihnen die vorhergehenden Kapitel Möglichkeiten aufzeigten, wo Sie andere Menschen treffen können, müssen Sie sich auch trauen, auf diese zuzugehen, ein Gespräch zu eröffnen und dabei möglichst noch eine gute Figur zu machen. Dieses Kapitel verrät Ihnen Tricks und Kniffe, wie Sie in sozialen Situationen brillieren und mehr Souveränität im Umgang mit anderen zeigen.

Kontakt aufnehmen üben

Obwohl wir im Zeitalter von Automaten-Hotels (ohne Rezeption, Anmeldung via Internet, eingecheckt wird per Kreditkarte), SB-Restaurants und Discountern leben und Kommunikation durch SMS-Gestammel, E-Mails und TV-Konsum zurückgedrängt wird, sollten Sie sich bemühen, das **Auf-andere-Zugehen** in allen sich bietenden Gelegenheit zu üben. Damit Ihnen das im Ernstfall – auf einer Veranstaltung, im Lift oder wo immer Ihnen interessante Menschen begegnen – leichter fällt und Sie so natürlich wie möglich rüberkommen. Gehen Sie statt in den anonymen Supermarkt oder ins Shoppingcenter, wo Sie an der Kasse nur „Guten Tag“, „Danke“ und „Auf Wiedersehen“ sagen, weil Sie sonst den ganzen Verkehr aufhalten, lieber ins Tante-Emma-Lädchen oder zum Bäcker nebenan.

Um ins Gespräch zu kommen, reicht häufig – auch wenn das jetzt für Sie banal klingt – beim Begrüßen zum Beispiel beim Bäcker der Hinweis „Was für ein Wetter“ aus, und schon ist man mitten im Dialog. Auch der Nachbar eignet sich hervorragend zum „Trockentraining“. Fragen Sie ihn etwa, ob er beispielsweise die gleichen Probleme mit dem Wasserdruck hat oder ob er auch mal ein Paket für Sie entgegennimmt, wenn

Sie nicht da sind. Zusätzlich erfahren Sie mehr über das Haus, die Mieter und werden möglicherweise zur nächsten Party bei ihm eingeladen. Schließlich ist jeder daran interessiert, sich mit seinen nächsten Nachbarn gut zu stellen. Auch ideal zum Üben sind Kellner: Lassen Sie sich etwas empfehlen oder fragen Sie ihn, ob er noch einen Tipp hätte, wo Sie zu späterer Stunde noch einen Absacker nehmen könnten. So gewinnen Sie mehr Selbstsicherheit für Gespräche und treten immer lockerer und unverkrampfter auf.

Setzen Sie Zeichen

Lächeln macht nicht nur glücklich und attraktiv, es ist auch ein „Türöffner" für andere, auf uns zuzugehen, da es vermittelt: ‚Keine Angst, ich beiße nicht; wenn du mich ansprichst, kontere ich nicht mit Sarkasmus, versuch's!' Probieren auch Sie es aus: Lächeln Sie andere Menschen an und grüßen Sie. In Australien ist es zum Beispiel üblich, sich in einer Millionenstadt wie Sydney bei einem Spaziergang durch den Park zu grüßen. In Down Under wird man auch sofort im Weinladen vom Kassierer angesprochen, ob man neu in der Stadt ist, weil er einen noch nicht gesehen hat, und mit den besten Restaurantempfehlungen in die Nacht entlassen. Unternimmt man einen Ausflug ins Outback, meldet man sich an der letzten Tankstelle, die man anfährt ab, schließlich weiß man nie, was passieren kann. Schnell treten Flüsse bei Regen über die Ufer und schwemmen ganze Brücken weg, verirrt man sich oder wird von einer Schlange gebissen. Aber auch hierzulande ist solches Verhalten in den Bergen üblich. Eigentlich schade, dass man nur in offener Wildbahn Fremden „Guten Tag" sagt.

Stimmt nicht ganz: Auch auf Festen, Veranstaltungen, im Flieger, Zug oder Bus grüßen wir, wenn wir im Begriff sind, gemeinsam Tische, Stehplätze oder Sitzgruppen zu teilen. Ein Gruß ist der erste Schritt zu einem möglichen Small Talk.

Small Talk – gewusst wie!

Die idealen „Conversation Pieces“, um mit anderen ins Gespräch zu kommen, sind: das Wetter, die Situation, in der man sich trifft, oder die Rahmenbedingungen, etwa „Wie fanden Sie den Vortrag?“ oder „Nettes Fest, kennen Sie den Gastgeber schon länger?“ Das Gespräch in Gang halten aktuelle Ereignisse, Ihr Beruf, Komplimente oder Länder, die man bereist hat – es sind eigentlich immer die gleichen Themengebiete! Das machen erfahrene Small-Talker nicht anders. Sie wissen auch, was sympathisch macht: Nämlich zuzuhören und Gegenfragen zu stellen. Denn wer nur monologisiert, kommt schnell als besserwisserischer Langweiler rüber, der seinem Gegenüber das Gefühl vermittelt, total uninteressant zu sein. Achten Sie im Gespräch auch darauf, selbst etwas von sich preiszugeben, und fragen Sie den anderen keine Löcher in den Bauch, sonst fühlt er sich ausgehorcht. Auch wenn Fragetechniken á la Sokrates oder Kierkegaard Esprit vermitteln, wirkt das doch überheblich, Ihr Gegenüber fühlt sich wie auf dem Präsentierteller und durch die ewige Fragerei – auch wenn er sich möglicherweise weinselig darauf einlässt – irgendwann vollkommen entblößt.

Heikle Situationen in Gesprächen meistern: Worst-Case-Szenarien

Um Ihnen die allerletzte Scheu vor Small Talk zu nehmen, hier eine Auflistung der schlimmsten Situationen, in die Sie geraten können. Wie Sie sehen werden, alles halb so wild!

- **Sie fühlen sich nicht nach Reden**, eine Stimme in Ihnen sagt: Ich kann das nicht! Doch stopp, Sie wissen natürlich, dass es lauten muss: Ich möchte das nicht. Um bei einer Veranstaltung gleich den richtigen Start zu haben, sollten Sie sich nicht in eine Ecke verkriechen, sondern abchecken, wer noch alleine herumsteht, und versuchen, mit dem- beziehungsweise derjenigen ins Gespräch zu kommen. Je länger man wartet, bis andere auf einen zugehen, umso mehr fühlt man sich im Abseits, kriecht einem das frostige Gefühl der Unsicherheit über die Schulter, das sagt, ‚Du bist hier der Loser, mit dir möchte keiner reden'. Also: Aktion! Vielleicht nutzen Sie bereits den Weg zur Veranstaltung, um jemanden, der in die gleiche Richtung drängt, anzusprechen: „Sie gehen vermutlich auch zu ..." Weitere günstige Gelegenheiten: Ein leerer Tisch, an dem Sie sich postieren können, weil der bald von anderen angesteuert wird, die ihr Glas dort abstellen wollen oder nach dem Aschenbecher Ausschau halten. In der Schlange am Büffet oder an der Getränkeausgabe kommt man ebenfalls leicht ins Gespräch.

- **Sie haben Angst, sich zu blamieren.** Doch was kann passieren? Im schlimmsten Fall verhaspeln Sie sich – na und, jeder macht Fehler! Fauxpas legen auch Medienprofis wie Politiker, Nachrichtensprecher oder Manager hin. Erinnern Sie sich bloß daran, wie die amerikanische Außenministerin Condoleezza Rice in einer Ansprache über Präsident Bush „my husband" sagt; eine Nachrichtensprecherin statt Mooshammers Tod anzukündigen – ups – von dem Sedlmayrs spricht oder der Pilot seinen Fluggästen einen schönen Aufenthalt in München wünscht, wo er doch gerade zur Landung in Palma de Mallorca ansetzt. Lachen Sie darüber, und seien Sie versichert: Sie müssen nicht perfekt sein, um sympathisch zu wirken. Seien Sie interessiert! Wenn Sie an Ihrem Gegenüber echtes Interesse bekunden, wirkt das einnehmender als eine Top-Performance, weil der andere Ihre Wertschätzung bemerkt und sich von Ihnen angenommen fühlt. Supermänner und -frauen wirken meist unecht und können anderen durch ihr Super-duper-Sein auch Angst einflößen.

- **Jemand kritisiert Sie.** Nehmen Sie Kritik nicht persönlich. Sehen Sie sie als eine Meinung. Ob Sie sich dieser Einschätzung anschließen oder nicht – diese Entscheidung liegt ganz allein bei Ihnen. Vermeiden Sie es, sich sofort zu verteidigen: Wenn Sie nicht in die Defensive gehen und eine kritische Bemerkung auch mal ruhig und souverän stehen lassen können, wirken Sie selbstsicher. Allerdings sollten Sie sich gegen destruktive und verletzende Kritik wehren und Ihren Angreifer bitten, Ihnen das auf eine konstruktive, sachliche Art zu sagen. Vielleicht bietet es sich auch an, Ihren Kritiker zu fragen, ob er eine bessere Idee hat. Geschickt: mit Humor zu kontern, indem Sie auf das, was der andere sagte, einfach noch eins draufsetzen und den Angriff charmant ins Lächerliche ziehen.
- **Ihr Gesprächspartner ist fad?** Dann moderieren Sie, werfen Sie selbst interessante Themen ein (erzählen Sie, woran Sie gerade arbeiten, was Sie Interessantes gelesen haben oder fragen Sie, was Ihr Gegenüber von den neuesten Errungenschaften der Wissenschaft oder aktuellen Ereignissen hält. Aber Vorsicht mit dem Fettnapf Politik!). Finden Sie heraus, was sein/ihr Themengebiet ist, für das er/sie sich begeistert – und wenn Sie dann immer noch denken: ‚Er langweilt mich beziehungsweise es gibt möglicherweise andere interessantere Gesprächspartner‘, ziehen Sie sich mit der Ankündigung, sich noch ein Glas Wein holen zu wollen oder einen Bekannten begrüßen zu müssen, zurück. Auf Reisen, im Flieger, Zug oder Bus sorgt das Hervorholen einer Zeitung oder eines Buches für den gleichen Effekt.
- **Ihr Gesprächspartner fragt Sie zu sehr aus.** Stoppen Sie ihn, in dem Sie einfach nicht mehr auf seine Fragen eingehen und ein anderes Thema anschneiden oder kurz auflachen, den Spieß umdrehen und zurückfragen beziehungsweise sich zurückziehen, wie im eben beschriebenen Fall mit dem Langweiler.

- **Jemand lehnt Sie ab.** Sehen Sie das nicht als Affront gegen Ihre eigene Person, sondern es zeigt nur, dass Sie den Erwartungen des anderen nicht entsprechen. Umgekehrt haben Sie das sicherlich auch schon erlebt, dass jemand nicht Ihren Vorstellungen entsprach, die Chemie nicht stimmte und Sie deswegen den Kontakt zu ihm nicht weiter vertieft haben. Auch wenn Sie sich in dem Fall möglicherweise als oberflächlich gescholten haben, denken Sie daran: Zeit ist ein so kostbares Gut! Doch sollten Sie jedem eine zweite Chance geben. Denn vielleicht haben Sie ihn einfach nur in der falschen Stimmung kennen gelernt.
- **Wenn Sie partout nicht in Stimmung** sind, gehen Sie nicht aus beziehungsweise stimmen Sie sich positiv ein – mit einer Tasse Kaffee, anregender Musik und indem Sie sich mögliche Gesprächsthemen schon mal im Kopf zurechtlegen. Denken Sie daran: Wenn Sie alleine auf ein Event gehen, sind Sie gefordert, auf andere zuzugehen und neue Leute kennen zu lernen; in der Gruppe können Sie sich selbst genügen. Also: Lassen Sie sich überraschen, was der Abend, der Geschäftstermin etc. so bringt.

Mitmenschen souveräner begegnen

Wie gefangen manch Einsamer in seiner eigenbrötlerischen Denkweise ist, zeigt Michael Houllebecqs Alter Ego in seinem Erstlingsroman *Ausweitung der Kampfzone* (1999) sehr gut: Als „wachsamer Analytiker" (im Gegensatz zum „Abwickler von Nichtigkeiten") lebt der Informatiker nahezu ohne soziale Kontakte in Paris. Einseitig, nüchtern und kalt sieht er Dinge und Menschen, wie seine abwertenden, festgelegten Beschreibungen, bar jeglicher Faszination gegenüber den kleinen Schönheiten und Andersartigkeiten des Lebens offenlegen: „Catherine Lechardoy bestätigte von Anfang an alle meine Befürchtungen. Sie ist 25, hat ein Technikerdiplom in Informatik und schlechte Zähne ... Kaum Brüste, keinen Hintern.

Gott hat es wirklich nicht gut mit ihr gemeint ... Ich glaube nicht, dass sie sich in mich verlieben wird. Ich bin sicher, dass sie nicht im Traum daran denkt, mit irgendeinem Typ etwas anzufangen.“[47]

- Um andere aus Angst, verletzt werden zu können, nicht vorschnell abzuwerten, sollten Sie in Zukunft versuchen, auch hier eine Art „illusionslosen Optimismus“ walten zu lassen. Lernen Sie, in dem Moment, in dem Sie beginnen, eine Person abzuwerten, in **Alternativen zu denken**. Zum Beispiel: Wenn Person X Sie nicht sehen möchte, denken Sie nicht: ‚Sie ist nicht an mir interessiert, sie denkt wohl, sie ist etwas Besseres.‘ Sondern: ‚Sie hat vermutlich keine Zeit, eine stressige Phase im Job oder fühlt sich nicht gut.‘
- Um eine Situation beziehungsweise das Verhalten von anderen richtig beurteilen zu können, empfiehlt sich auch ein **Perspektivenwechsel**. Versetzen Sie sich in die Lage des anderen, sehen Sie die Sache mal von seiner Warte oder von der eines neutralen Außenstehenden aus. Das hilft, neues Licht auf einen Sachverhalt zu werfen und Verhalten besser zu verstehen.
- Üben Sie sich in **Empathie**: Sie müssen kein Profiler sein, um sich in andere hineinversetzen und deren Erwartungen und Handlungen besser beurteilen zu können, sondern es ist hilfreich, einfach auch mal in sich selbst hineinzuhorchen. Lernen Sie, Ihre Gefühle zu identifizieren, und unterscheiden Sie zwischen Gedanken und Gefühlen: „Das verwirrt mich, wenn du das sagst“ (Gedanke), „Ich bin ziemlich kaputt“ (Gefühl). Und: Statt Menschen oder Situationen zu etikettieren: ‚So eine Schlafmütze, warum fährt der nicht schneller?‘, erkennen Sie, dass Sie selber möglicherweise verspätet losgefahren sind und jetzt ungeduldig im Auto sitzen, um doch pünktlich zur Arbeit zu kommen.

- Bemühen Sie sich um **Offenheit** im Kontakt mit anderen. Das bedeutet, das eigene Erleben (also Gedanken, Gefühle, Bedürfnisse) wahrzunehmen und zu kommunizieren. Dies macht Sie nicht nur sympathischer, sondern beugt auch Missverständnissen vor, da andere Ihre Handlungen leichter nachvollziehen und verstehen können. Zeigen Sie nicht nur Ihre starke Seite, sondern lassen Sie auch Ihre schwache durchscheinen, sonst bekommt nur die selbstsichere Maske die Anerkennung, nicht Ihr ganzes Selbst, was zu mehr Solo-Blues und Distanz führt. Wie weit man anderen Einblick gewährt, hängt natürlich von der jeweiligen Situation ab. Im Job werden Sie sich zurückhaltender geben als privat. Doch auch hier gilt: Schotten Sie sich nicht komplett ab, erzählen Sie auch Privates, zum Beispiel was Sie am Wochenende gemacht haben, oder unterhalten Sie sich über wichtige Sportereignisse.
- **Selbstwert-Killer ade.** Umgeben Sie sich mit Menschen, die Ihren Selbstwert anerkennen und Sie schätzen, und nicht mit solchen, die Sie permanent abkanzeln und klein zu machen versuchen – sei es aus Neid, aus unterschiedlicher Lebensauffassung heraus oder aus mangelndem Respekt. Vermeiden Sie allerdings, andere als Hauptquelle für Ihr Selbstwertgefühl zu sehen. Das macht Sie auf Dauer zu sehr abhängig von der Zustimmung anderer!
- Lernen Sie, **Nein zu sagen**: Wenn Sie sich nicht sicher sind, bringen Sie das zum Ausdruck und sagen Sie, Sie überlegen sich das. Was kann passieren? Ihre Mitmenschen werden Sie mehr schätzen, weil Sie kein notorischer Kuscher und Ja-Sager sind, sondern anderen Grenzen aufzeigen. Doch: Lassen Sie sich auch auf Neues ein, und lehnen Sie nicht grundsätzlich alles von vornherein ab, denn mit kategorischem Nein-Sagen versperren Sie sich den Weg, die Vielseitigkeit des Lebens kennen zu lernen.

Kuschelfaktor Tier & Co.

Der österreichische Schriftsteller Thomas Bernhard wird sich wohl nie ein Haustier zulegen, schreibt er in seinem Roman *Beton*: „Und die Wahrheit ist ja doch, dass ich mein Alleinsein liebe, ich bin ja nicht einsam und ich leide auch nicht darunter, wenn mir das meine Schwester auch fortwährend einzureden versucht, ich leide nicht darunter, ich bin mit meinem Alleinsein glücklich, ich weiß, was ich daran habe, ich beobachte es an den anderen, die ein solches Alleinsein nicht haben, sich nicht leisten können, es lebenslänglich wünschen, aber nicht haben können. Die Leute haben einen Hund und sind von diesem Hund beherrscht ... Die Menschen lieben die Tiere, weil sie nicht einmal zur Selbstliebe fähig sind.“[48] Tja, der alte Zyniker Bernhard. Dass Tiere Menschen jedoch aus ihrer Isolation herausholen können, das hat der Psychologe Erhard Olbrich im Zusammenhang mit der berufsbegleitenden Weiterbildung für Altenpfleger „Tiere öffnen Welten“ beobachtet: „Die tierischen Besucher bereiten viel Freude, in ihrer Gegenwart lassen sich Menschen weniger in negative Affektivität hineinfallen, und Tiere können mit ihren Possen und Marotten sogar trübe Stimmungen vertreiben“, so der Experte.[49]

Wer immer mit dem Gedanken spielt, sich ein Tier zur Gesellschaft anzuschaffen, sollte vor einer Anschaffung wissen, was es zu beachten gilt.

Tierhaltung – das sollen Sie wissen

- Ein Tier schenkt einem Freude und Nähe, aber es verlangt auch Zeit. Derjenige, der sich etwa einen Hund zulegen will, muss mindestens zwei Stunden am Tag schon fürs Gassigehen einkalkulieren.
- Der Vermieter sollte mit der Haltung (falls nicht im Mietvertrag verankert) einverstanden sein.
- An Kosten fallen für einen Hund im Jahr neben Tierarzt, Steuern, Versicherung und Futter im Schnitt 850 Euro an; Urlaubsbetreuung und Friseur nicht mitgerechnet. Welche haarigen Auswüchse das annehmen kann, zeigt beispielsweise der Fall der Gattin des russischen Präsidenten, Ljudmilla Putin: Für die modische Fellpflege ihres Zwergpudels „Tossja“ gibt sie im Monat 150 Euro aus.
- Wer sich überlegt, ein Tier aus dem Tierheim zu adoptieren, zahlt nach Angaben des Tierheims Berlin 180 Euro für einen Hund, 80 Euro für eine Katze und 5 bis 20 Euro für eine Maus oder ein Kaninchen; die Tiere sind geimpft, entwurmt, meist kastriert und haben eine 14-tägige Gesundheitsgarantie, das heißt, wird das Tier in dieser Zeit krank, kann es zurückgebracht werden. Ein Chip, der in die Flanke gespritzt wird, hilft, ein verunglücktes oder streunendes Tier später eindeutig identifizieren zu können.

Natürlich gibt es auch pflegeleichtere Haustiere als einen Hund oder eine Katze, etwa Fische und andere in Aquarien und Terrarien lebende „Mitbewohner“, die aber ebenfalls einen – wenn auch im Vergleich minimalen – Arbeits- und Zeitaufwand erfordern. Ganz kurios: Ameisen, die Martin Sebeta in Europas erstem professionellen Ameisenshop in Berlin verkauft (www.antstore.de). Noch spleeniger muten dagegen die Ideen der wissenschaftlichen Tüftler und Bastler an. So arbeitet etwa der Kommunikationsprofessor Friedrich

Krotz von der Universität Erfurt an dem Computerhund „Waldi". Ähnlich wie der Sony-Robot-Hund Aibo (bislang mehr als 50.000 verkaufte Exemplare) ist dieser mit einem „Zuneigungs-, Such- und Schlafinstinkt" ausgestattet – so wie im richtigen Hundeleben ... Darüber hinaus tüfteln die Ingenieure der asiatischen High-Tech-Konzerne Sony, Toyota und Honda bereits an einer neuen Generation sozialer Roboter, die in der Altenpflege und zur Kinderbetreuung eingesetzt werden sollen.

Bis der Roboter als Gefährte für den Menschen vorstellbar ist, wird es wohl noch mehr als 20 Jahre dauern, meint Kerstin Dauterhahn, die an der britischen Hertfordshire Universität zusammen mit einem Forscherteam an der Fertigung eines sozialen Roboters bastelt.[50] Irgendwie gruselig diese Vorstellung, dass Science-Fiction-Utopien vielleicht doch irgendwann wahr werden. Wohliger wird einem da schon bei der neuen Serviceidee der Münchner Hotelgesellschaft Derag Hotel und Living, in deren Häusern sich der Gast ab einer Übernachtungsdauer von fünf Tagen einen Goldfisch gegen die Einsamkeit mieten kann. „Einzeln oder als Pärchen", konkretisiert Derag-Vorstand Dr. Max Michael Schlereth und fügt marketinggewandt an: „Um unterwegs ein Zuhause zu schaffen." Ähnlich verhält es sich in Hotelzimmern mit dem angeschalteten Nachttischlämpchen, Musik oder einem Tischbrunnen – Kuschelfaktoren, die bereits beim Betreten des anonymen Raums eine heimelige Stimmung erzeugen; eine gute Anregung für zu Hause auch für Nicht-Tierfreunde.

Lichtjahre vom eigenen Partner entfernt

So einsam

So einsam, Liebster, wie in dieser Zeit,
die uns gehörte, war ich wohl noch nie.
Und so gewartet, wie ich warte, seit
Du im Vorübergehen Melodie
In meine Seele streutest, habe ich
Zu keiner Stunde. Kein Gefühl verlieh
Mit so viel Zuversicht und stürzte mich
So tief in Ungewissheit und in Angst.
Und ich erkenne: Keine Liebe glich
Der Deinen. Als Du meine Scheu bezwangst,
erwecktest Du auch diesen Wunsch in mir:
dass Du nur einmal so nach mir verlangst,
wie ich in jedem Augenblick nach Dir.

Annemarie Bostroem (* 1922)

Eigentlich paradox, doch gelegentlich fühlen wir uns auch in unserer Partnerschaft allein, Lichtjahre von unserem Liebsten entfernt. Was ist der Grund? Haben Alltag, Gewohnheit und Routine Einzug gehalten und jedes Prickeln, jede Spannung aus der Beziehung genommen? Wünschen Sie sich etwas, was Sie nicht bekommen, zum Beispiel Abkehr des Partners von schlechten Gewohnheiten, Zusammenziehen, Heirat, ein Kind oder mussten Sie erkennen, wie bestimmte intellektuelle oder emotionale Bedürfnisse nicht erfüllt werden? Gibt es keine echte Kommunikation über Ihre Wünsche, Visionen und Ängste, stattdessen besprechen Sie nur noch Organisatorisches, wer die Kinder abholt, ob man am Wochenende Freunde einlädt und der Satz „Wie war dein Tag, Schatz?" heuchelt nur noch vermeintliches Interesse?

Ja, wann haben Sie sich das letzte Mal mit Ihrem Partner ehrlich und offen unterhalten – ihm gesagt, wie es Ihnen geht, und ihm Ihre Probleme und Wünsche innerhalb Ihrer Beziehung anvertraut? Oder dies aus Resignation, Gewohnheit oder Angst vor Konflikten gelassen und mit Schweigen und Rückzug noch mehr Frust und ein noch größeres Beziehungsvakuum geschaffen? „Wer seinen Ärger hinunterschluckt, killt auf Dauer die gemeinsame Liebesbasis", weiß die Berliner Paar-Therapeutin Berit Brockhausen und meint: „Wenn Sie sich in Ihrer Beziehung einsam fühlen, zeigt das, dass Sie sich nach etwas sehnen, was in Ihrer Beziehung fehlt oder im Laufe der Zeit verloren gegangen ist – sei es mehr Nähe, mehr Abenteuer, mehr Sex, mehr Hilfe und Unterstützung, mehr Abwechslung oder ein befruchtender geistiger Austausch." Versuchen Sie herauszufinden, was genau Ihnen fehlt, und nähern Sie sich wieder Ihrem Partner an, in dem Sie dieses Problem konkret ansprechen.

Vernachlässigte Bedürfnisse – suchen Sie das konstruktive Gespräch

- **Öffnen Sie sich.** Sie werden erkennen, dass Offenheit und Ehrlichkeit sofort für mehr Nähe sorgen.
- Damit sich Ihr Partner in diesem Gespräch nicht unnötig kritisiert fühlt, packen Sie Ihre Kritik oder Ihre Wünsche in **Ich-Botschaften**. („Ich habe das Gefühl, dass ...", „Ich fühle mich ...", „Ich würde gerne ...", ohne zum anklagenden Kahlschlag auszuholen.)
- Fragen Sie Ihren Partner, **wie er die Sache sieht**, wie er sich vorstellen könnte, dieses Problem zu lösen.
- **Bleiben Sie höflich**, auch wenn es vielleicht durch Anschuldigungen von Seiten Ihres Partners schwer fällt, und sagen Sie „bitte", „Ich verstehe dich ja auch ..."
- **Entschuldigen Sie sich**, wenn sich einer der Partner verletzt fühlt. Männer haben damit grundsätzlich mehr Probleme

als die gefühlsbetonteren Frauen, so die Erkenntnis der US-amerikanischen Linguistikprofessorin Deborah Tannen. Allerdings: Tut ein „entschuldige" Not, muss es – um seine Wirkung nicht zu verfehlen – von Herzen kommen! Übrigens: Negativen Äußerungen jeglicher Art lassen glückliche Paare fünf positive beziehungsweise liebevolle Worte folgen, so die Erkenntnis des US-amerikanischen Paargurus Dr. John Gottman.[51]

- Wenn Sie etwas nicht verstanden haben, **haken Sie nach**, statt sich schmollend zurückzuziehen. Es kommt immer mal vor, dass man Dinge falsch versteht/verstehen möchte und sich dann zickig zu einem Machtspielchen zurückzieht. Besser: Mit einer Frage nachhaken, um die Diskussion in Gang zu halten und schneller zu einer gemeinsamen Lösung zu finden.
- Suchen Sie nach **Kompromissen** zwischen Ihren eigenen Bedürfnissen und Wünschen und denen des Partners.
- Entwickeln Sie eine **gemeinsame Perspektive**, die Sie beide verfolgen. „Es gibt wenig, was eine Beziehung so bereichern und die Partner (wieder) attraktiv machen kann, wie das Gefühl, gemeinsame Ziele zu haben und diese auch zu erreichen", weiß der Psychotherapeut Dr. Hans Jellouschek.[52]
- Setzen Sie sich eine **Deadline**, Perspektiven müssen auch ein überschaubares und kontrollierbares Ende haben, sonst läuft das Ganze irgendwann aus dem Ruder und keiner weiß, warum.
- **Enttäuschungen und Krisen** gehören zu einer Beziehung genauso wie die Sonnenseiten des gemeinsamen Glücks, sie sind kein Knock-out-Kriterium. Wichtig ist: Darüber das Reden nicht zu vergessen!
- Es gibt aber auch Probleme, bei denen man trotz Reden und Kompromiss-Suche nicht weiterkommt und glaubt, auf der Stelle zu treten. Fragen Sie sich: Liegen vielleicht tatsächlich **konträre Lebensträume** zugrunde, die sich trotz des Ver-

suchs Brücken zu bauen, nicht bewältigen lassen? Thematisieren Sie solche Gedanken offen – auch wenn sie einen möglichen Bruch der Beziehung bedeuten –, denn nur so kommen Sie tatsächlich einen Schritt weiter. Damit zeigen Sie Ihrem Partner, wo Sie stehen, und Sie geben ihm die Chance, noch mal in sich zu gehen und zu prüfen, ob es nicht doch einen Weg miteinander gibt. Vielleicht verschaffen Sie sich zum Beispiel auch mit einer Kontemplationswoche in einem Kloster finale Klarheit, wie Sie weitermachen wollen.

Check-up: Graues Beziehungseinerlei bzw. wo der Hase sonst noch im Pfeffer liegt

Die nachfolgenden Fragen sollen Ihnen helfen herauszufinden, wo in Ihrer Beziehung die Probleme liegen.

	Ja	**Nein**
Liegt es vielleicht an Ihnen? Haben Sie sich in letzter Zeit möglicherweise **ein bisschen** gehen lassen und achten kaum mehr auf Ihr Äußeres?	❑	❑
Wann haben Sie sich das letzte Mal etwas **Schönes zum Anziehen** gekauft. Ist das länger als ein Jahr her?	❑	❑
Wie steht's mit **Sport**? Kann es sein, dass Sie das letzte halbe Jahr keinen Finger krumm gemacht haben und stattdessen abends zusammen mit Ihrem Partner auf dem Sofa hockten, sich bis Sendeschluss einen Film nach dem anderen reinzogen, Erdnussflipps naschten und Wein tranken?	❑	❑

Wie lange ist es her, dass Sie Ihren Partner gelobt, ihm ein **Kompliment** gemacht haben? Hoffentlich können Sie sich daran noch erinnern!	❏	❏
War es das letzte Mal am Geburtstag Ihres Partners, dass Sie ihn mit einer kleinen Besonderheit **überrascht** haben – mit Blumen, einem raffinierten Abendessen, Theaterkarten, einem Ausflug oder aufregender Wäsche?	❏	❏
Erotik fängt mit **Zärtlichkeit im Alltag** an. Wenn ein Mann seiner Frau morgens den Kaffee bringt und ihr übers Haar streicht. Wenn sie ihm abends den Rücken krault und seine Schultern massiert. Erotik und Aufmerksamkeit verlangen Zeit, haben Sie das vielleicht auch etwas beiseite geschoben?	❏	❏
Sie pflegen einen **vorwurfsvollen Denkstil**? Zum Beispiel „Mein Partner kommt nicht nur jetzt zu spät, sondern immer, das ist typisch für ihn". „Außerdem ist er nicht nur in dieser Hinsicht unzuverlässig, sondern in jeder." Fazit: „Er ist einfach ein Egoist." Glückliche Paare argumentieren genau umgekehrt, schreibt Ben Kast in seinem Buch *Die Liebe:* „Wenn etwas schief läuft, schieben sie das auf äußere Umstände statt auf den Partner. Und wenn sie ihn kritisiert, schlussfolgert er nicht sofort: ‚Schlampe, so etwas sagt keiner zu mir!', sondern sagt sich: ‚Sie steht ja auch sehr unter Stress in letzter Zeit …'"[53]	❏	❏

Ist es länger als eine Woche her, dass Sie versucht haben, Ihren **Partner zu verstehen,** sich bemüht haben, sich in ihn hineinzuversetzen?	❑	❑
Nehmen Sie **Anteil an den Problemen** Ihres Partners, versuchen Sie ihn zu unterstützen, ihn aufzubauen – und hören Sie ihm überhaupt zu?	❑	❑
Gehen Sie auf Ihren Partner ein, wenn er etwas sagt, beziehungsweise erklären Sie ihm, warum Sie zum Beispiel jetzt keine Zeit für ein längeres Telefonat haben oder seinem Wunsch, etwas beim Fotolabor abzuholen, nicht nachkommen können?	❑	❑
Denken Sie im Streit an Ihr **Beziehungskonto**, an das Wir Ihrer Beziehung oder nur daran, dass möglichst Sie Recht bekommen? Denn: Jedes Mal, wenn Sie einen Streit gewinnen, hat Ihre Partnerschaft wieder etwas verloren, da Sie Ihren Partner und nicht das Problem bekämpft haben und keine Annäherung zwischen Ihren beiden Standpunkten gefunden haben.	❑	❑

Akzeptieren Sie auch die **negativen Seiten** Ihres Partners? „Wenn Sie einen Partner fürs Leben wählen, dann wählen Sie auch eine bestimmte Anzahl unlösbarer Probleme, mit denen Sie sich dann in den nächsten zehn, zwanzig oder gar fünfzig Jahren herumschlagen müssen", schreibt der amerikanische Eheberater Daniel Wile in seinem Buch *Partnerschaftsprobleme – kein Problem.* Rezepte gegen die Einsamkeit zu zweit. Denn: Nur Fantasiefiguren haben keine Fehler, was im italienischen Märchen *Marzipanchen* die Königstocher dazu veranlasst, sich ihren Traummann zu backen – Komplikationen vorprogrammiert, versteht sich. Und wenn man sich das Entstehungsjahr des Märchens ansieht (1637), versteht man schmunzelnd, wie alt diese Problematik ist.	❏	❏
Stimmt die **gemeinsame Perspektive** noch? Das ist häufig das Problem, wenn Beziehungen einrosten und sich einer der Partner Lichtjahre vom anderen entfernt fühlt. Überlegen Sie, ob Sie noch das gleiche gemeinsame Ziel verfolgen oder sich einer der Partner anders entwickelt hat, und thematisieren Sie das offen.	❏	❏

Liegt es länger als drei Monate zurück, dass Sie der **Routine Ihres Alltags entkommen** sind? Ein Rezept, um die Liebe lebendig zu halten, ist in den Augen des amerikanischen Psychologen Arthur Aron, immer wieder mal etwas Neues, Spannendes zu unternehmen, da Adrenalin die Leidenschaft auf Trab hält. Typisch aufregende Aktivitäten sind zum Beispiel einen Berg besteigen, Skifahren, ein Theater- oder Konzertbesuch oder Tanzen. Als lediglich angenehm gelten Freunde besuchen, gemeinsam etwas Neues kochen, im Restaurant essen oder ins Kino gehen.[54]	❑	❑

Auswertung

Jede Ja-Antwort sollten Sie überdenken, denn sie zeigt Ihnen: Hier gibt es Handlungsbedarf!

Frust im Job

Die Einsamkeit umzingelt und umringelt ihn, immer drohender, würgender, herzzuschnürender, jene furchtbare Göttin …

Friedrich Nietzsche in *Menschliches, Allzumenschliches*[55]

So glamourös es sich anhört, wenn Manager erzählen, wie sie von einem Termin zum anderen durch Deutschland und die Welt jetten, so einsam fühlen sich viele von ihnen – gerade wenn sie abends in ihrem Hotelzimmern sitzen. „Die Leute, die man beruflich kennen lernt, sind ein wild zusammengewürfelter Haufen, da bleibt man meist nur an der Oberfläche", weiß etwa Detlef S. zu berichten. Seit zehn Jahren pendelt er als Mobilfunkspezialist zwischen Skandinavien, Deutschland und Spanien, wo seine Familie derzeit wohnt, hin und her und fühlt sich unter den Teammitgliedern und Kollegen, die von Projekt zu Projekt wechseln, allein. „Ich habe viel gearbeitet und wenig für mich getan", sinniert er und meint: „Vielleicht hätte ich mehr Sport oder eine andere, geistige Betätigung betreiben sollen ..." Aus diesem Grunde buchen viel reisende Führungskräfte meist Hotels mit Pool und Massage, um abends etwas zu entspannen und abzuschalten. Ein interessantes Angebot liefert auch der Freizeitservice www.groonity.de oder www.new-in-town.de, bei dem Mitglieder innerhalb Deutschlands Gleichgesinnte zum Sport treiben, Essen gehen oder Diskutieren treffen können.

Neben Hotelfrust müssen Manager auch die **Führungsaufgabe** selbst aushalten, die das Gefühl des Abgekapseltseins unterstreicht, da man sich als Chef keinem seiner Mitarbeiter anvertrauen kann. Aus diesem Grunde gibt es Managementtrainer, Firmen wie McKinsey oder Procter & Gamble gründeten dafür gar ein spezielles Netzwerk. Nicht unbedingt auf High Potentials zielt das Angebot von www.lunchclub-deutschland.de ab, das versucht, interessierte Geschäftsleute zum Mittagessen zu verbandeln.

Doch abgesehen von der hochrangigen Position, Einsamkeitsfrust im Beruf kennen viele Werktätige, nämlich in Form eines **langweiligen** oder **aufreibenden Büroalltags**, nerviger Kollegen und unkalkulierbarer Chefs. Die Folge: Sie fühlen sich im falschen Job. Geht es Ihnen auch so, dann ermitteln Sie, woher Ihre stille Frustration rührt, fragen Sie sich:

Check-up: Was frustriert mich im Job?

	Ja	Nein
Kollegen gehen häufig ohne Sie zum Mittagessen? Kann es sein, dass Sie sich nicht an Gesprächen beteiligen? Nur wenig Privates von sich preisgeben und einen kleinen Tratsch am Kaffeeautomaten banal finden?	❑	❑
Ihre Kollegen schneiden Sie? Achtung: Erste Anzeichen von Mobbing, sprechen Sie mit Ihrem Chef darüber.	❑	❑
Ihr Chef bevorzugt andere? Sprechen Sie offen mit ihm darüber, listen Sie Fakten auf und seien Sie nicht anklagend, sondern sachlich. Hören Sie sich seine Argumente an, vielleicht denkt er, dass Sie nicht über genügend Know-how zum Beispiel für eine Projektleitung verfügen. Überlegen Sie sich stichhaltige Argumente dagegen bzw. ob es nicht gut wäre, eine Fortbildung zu besuchen, um damit bei der nächsten Vergabe einer Projektleitung das Rennen zu machen.	❑	❑
Ihr Chef ist cholerisch, verständnislos und legt ein autoritäres Führungsverhalten an den Tag? Versuchen Sie, sich sein Verhalten erklären zu lassen, obwohl das bei einem solchen Chef sicherlich nicht einfach sein wird.	❑	❑

Sie bekommen nicht die notwendige Unterstützung, die Sie sich wünschen? Sprechen Sie darüber, äußern Sie konkrete Wünsche.	❑	❑
Es ist absehbar, dass der Betrieb früher oder später Insolvenz anmeldet? Wirklich, woran machen Sie das fest?	❑	❑
Sie kennen die Ausrichtung Ihres Unternehmens im Markt nicht? Dann sollten Sie sich darüber schnellstens informieren.	❑	❑
Ihre Arbeitszeit ist streng geregelt? Überlegen Sie, ob und mit welchen Vorschlägen Sie das ändern könnten.	❑	❑
Sie fühlen sich für den Betrieb total austauschbar? Warum, liegt das an Ihrer Aufgabe oder daran, wie Sie wahrgenommen werden? Sprechen Sie mit Ihrem Chef darüber.	❑	❑
Sie wurden bei der letzten Gehaltsverhandlung übergangen? Fragen Sie sich nach möglichen Gründen, bitten Sie um ein offenes Gespräch mit Ihrem Vorgesetzten.	❑	❑
Sie kommen nicht voran? Was würde Sie voranbringen, gibt es Möglichkeiten, etwas zu ändern? Wenn ja, sprechen Sie mit Ihrem Chef.	❑	❑

Von Ihrer Arbeit nimmt niemand im Unternehmen Notiz? Warum, kommunizieren Sie nicht, erwarten Sie, dass andere das für Sie übernehmen?	❑	❑
Sie fühlen sich unterfordert? Fragen Sie sich, wie Sie Ihre Aufgabe fordernder gestalten könnten, und diskutieren Sie das mit Ihrem Vorgesetzten.	❑	❑
Sie fühlen sich überfordert? Liegt es an Ihrem Zeitmanagement, setzen Sie Prioritäten? Sprechen Sie mit Ihrem Chef, vielleicht sollten Sie die Unterstützung eines Coaches erhalten oder aber Ihre Aufgabe ist vielleicht zu umfangreich.	❑	❑
Sie sehen keine Perspektive? Sprechen Sie mit Ihrem Vorgesetzten darüber.	❑	❑
Sie haben zu wenig Eigenverantwortung, können sich nicht selbst verwirklichen, so wie Sie sich das wünschen? Überlegen Sie sich im Vorfeld, was man ändern könnte, und suchen Sie dann das Gespräch mit Ihrem Chef.	❑	❑
Schon auf dem Weg zur Arbeit spüren Sie montagmorgens Langeweile? Gelegentlich sogar Panik? Fragen Sie sich, woran konkret das liegen könnte, und gehen Sie entsprechend den oben genannten Fragen vor.	❑	❑

Auswertung

Überall da, wo Sie ein Ja angekreuzt haben, liegt ein Defizit vor, das Sie – wenn möglich – mit einem Gespräch oder einer Änderung Ihres Verhaltens ausräumen sollten.

Was tun bei Arbeits-Blues?

Stellt sich in dem Check-up jedoch heraus, dass Ihr Job mehr Frust als Lust bringt, raten Experten zur Verfolgung des Mottos: „Love it, change it or leave it.“ Eine vermeintlich simple, aber sehr treffende amerikanische Devise, die auch auf hiesige Arbeitsverhältnisse anwendbar ist. Will heißen, wenn Sie Ihrem Job nicht mehr mit Hingabe nachgehen und Ihnen Ihr Arbeitgeber Änderungen verwehrt, sollten Sie gehen. In Zeiten wie diesen – wo alternative Jobs rar sind – leichter gesagt als getan. Die Folge: Die Wechselwilligen versuchen ihren Beruf zu lieben, mit dem Ergebnis einer eingeschränkten Arbeitszufriedenheit. Daher ist es nicht erstaunlich, dass der Anteil der hoch engagierten Berufstätigen in der Republik in den vergangenen drei Jahren um ein Viertel sank: Von 16 Prozent in 2001 auf 12 Prozent 2004.[56]

Was also tun, wenn die Angst zu wechseln oder sich selbstständig zu machen zu groß ist? Konzentrieren Sie sich auf die guten Seiten, die der Job zu bieten hat. Etwa indem Sie Erfolgserlebnisse feiern, den freundlichen Umgang mit Kollegen pflegen, eine angenehme Büroatmosphäre schaffen und Weiterbildungsangebote nutzen, um zumindest Ihre Performance zu steigern und Ihr Know-how auszubauen.

Grundsätzlich kennzeichnet einen guten Job:

1. Der Job sollte **Sinn** machen: Jedem Mitarbeiter sollte klar sein, warum er etwas erledigt, und er sollte die Stellung seines Unternehmens im Markt kennen. Außerdem sollte es eine Firmenphilosophie geben, denn „Unternehmensziele vereinen die Herzen der Mitarbeiter und sorgen für eine ganz andere Zufriedenheit und Power. Fragen Sie sich doch nur, was ein Buch ohne Titel wäre?", betont in diesem Zusammenhang Management-Trainer Dieter Lange.
2. **Lob und konstruktive Kritik** sollten keine Fremdwörter sein, schließlich gilt es jedem Einzelnen zu signalisieren, dass er wichtig ist und welchen Beitrag er für das Unternehmen leistet.
3. Die **Aufgabe** sollte nicht zu leicht, aber auch nicht zu schwer sein, nicht überfordern sondern **fordern**. Sonst stellt sich Langeweile bzw. das Gegenteil, nämlich Stress und Burn-out, ein.
4. Es sollte eine **Perspektive** bzw. Aufstiegschancen vorhanden sein.
5. Der Einzelne sollte möglichst große **Autonomie** bei der Erledigung seiner Aufgaben besitzen.
6. Ein **gutes Betriebsklima** trägt ebenfalls zur Wertschätzung und zur Arbeitsfreude bei. Das bedeutet einen freundlichen Umgangston unter den Mitarbeitern sowie einen offenen, vertrauensvollen wie fairen Chef.
7. **Fehler sollten als Chance** gesehen werden und es sollte Platz für **Kreativität** bestehen.

Wer an Wechsel denkt, findet so den passenden Beruf – ein 5-Punkte-Plan

8. **Selbstanalyse.** „Eine eindeutige Positionierung sorgt für Klarheit über die eigenen Präferenzen, Fähigkeiten, Träume und Ziele“, sagt Business-Coach Sabine Birk. „Je klarer Sie wissen, was Sie suchen, desto eher finden Sie Ihren Traumberuf“, konkretisiert die Münchner Karriere-Beraterin Madeleine Leitner[57], die unter anderem Richard Bolles Erfolgsseller *What colour is your Parachute?* ins Deutsche übertragen hat. Stellen Sie sich also folgende Fragen:

- Was können Sie besonders gut? Was sind Ihre Talente, und welche davon üben Sie gerne aus?
- Welche Produkte, Themen und Problemstellungen interessieren Sie besonders? Lieben Sie Autos, Computerspiele oder das Thema Fitness? Welche Tätigkeitsfelder und Organisationen beschäftigen sich damit? Wäre das ein geeignetes Tätigkeitsfeld für Sie?
- Mit welchen Menschen möchten Sie arbeiten? Wie sollen Ihre Vorgesetzten, Kollegen, nachgeordneten Mitarbeiter und Kunden sein? Dies ist ein extrem wichtiger Faktor für Ihre Zufriedenheit und den Erfolg. Wenn die „Chemie“ nicht stimmt, liegt hier oft die Ursache für das berufliche Scheitern.
- Was sind für Sie persönliche „Belohnungen“? Wie viel Geld wollen Sie verdienen? In welchen Organisationsformen möchten Sie arbeiten und als was? Welche Pluspunkte könnte es geben, etwa die Möglichkeit zu reisen, Entscheidungen zu treffen oder sich einen Ruf aufzubauen?
- Umgebung: In welcher Region und bei welchen Arbeitsbedingungen blühen Sie auf? Hassen oder lieben Sie Großraumbüros? Leiden Sie, wenn Sie über- oder unterfordert sind? Wie kommen Sie mit Unsicherheit zurecht?
- Welche Werte Ihrer Lebensphilosophie spielen für Sie beruflich eine Rolle?

- Was ist Ihr zentrales Motiv? Motiviert Sie Geld? Anerkennung? Die Welt zu verbessern? etc.

Natürlich sind nicht alle Punkte gleich wichtig. Sie entscheiden, wo Sie Kompromisse machen können. Menschen ändern sich erfahrungsgemäß nicht, daher ist es sinnvoller, den Job dem Menschen anzupassen und nicht umgekehrt.

2. **Realitäts-Check-up:** Bevor Sie sich allerdings in die Suche nach dem für Ihre Talente und Stärken richtigen Job stürzen, sollten Sie recherchieren, ob Ihre Vorstellung mit der Realität übereinstimmt. Nicht alles, was gut klingt, ist auch so. Manchmal sind Traumberufe verkappte Albträume. Erkundigen Sie sich daher genau nach der Wirklichkeit, dem beruflichen Alltag. „Erst mit diesen Insider-Informationen gehen Sie gezielt an die Jobsuche, werden aktiv und können den für Sie idealen Arbeitgeber und Job wählen", erklärt Leitner.[58]
3. **Verdeckt ermitteln.** Weil allerdings nur ein Drittel der zu besetzenden Stellen auf dem offenen Stellenmarkt landet, rät Madeleine Leitner „vor dem Massaker um einen ausgeschriebenen Posten da zu sein": Wie ein Spion potenzielle neue Arbeitgeber oder Betätigungsfelder auszukundschaften, Internet und Wirtschaftsdatenbanken zu durchforsten, mit Verbänden zu telefonieren, Konkurrenz, Produktpalette oder Dienstleitungen unter die Lupe zu nehmen, Verkäufer zu interviewen und Freunde, Bekannte oder frühere Kollegen zu fragen, ob sie jemanden in der Firma kennen, mit dem man sprechen könnte.
4. **Vitamin B nutzen.** Um sein Netzwerk in solchen Situationen nicht erst abstauben beziehungsweise fieberhaft aufbauen zu müssen, empfiehlt Spezialistin Ulrike Bergmann die Pflege alter Kontakte und als Grundregel: auf Veranstaltungen immer drei neue Kontakte knüpfen. Schließlich erfolgen 30 Prozent aller erfolgreichen Jobvermittlungen über persönliche Seilschaften. Dieses Ergebnis ermittelte das Wirtschafts- und Sozialwissenschaftliche Institut der Hans-

Böckler-Stiftung bei einer aktuellen Befragung von 2.407 Personen, zusammen mit der Infratest Sozialforschung.

5. **Clever vorsprechen.** Kommt es schließlich zum ersehnten Vorstellungsgespräch, sollten Sie weder den Bittsteller mimen noch den aufdringlichen Egozentriker, sondern sich als Problemlöser und Fachmann hervortun. „Mehr denn je sind Personalchefs, Abteilungsleiter und Firmenlenker am Nutzen interessiert, an der Frage: Was bringt mir diese Person und wie glaubwürdig ist sie", sagt Karriere-Beraterin Leitner.[59] Wer diese Geheimwaffe kennt, kann sich auch innerhalb einer Firma von einem wenig geliebten Job in einen lukrativeren katapultieren, wie zum Beispiel Dieter Müller (Name von der Autorin geändert). Als der Vorstand eines weltweit operierenden Technologiekonzerns eine Rundmail an einige 100 Mitarbeiter schickte, nutzte der 42-jährige IT-Projektplaner die Chance des Rückkanals und schilderte dem Vorstand ein strategisches Problem. Dieser war so angetan von dem Lösungsvorschlag, dass er Müller zu einem Gespräch einlud und dem Seiteneinsteiger ohne Abitur eine Stelle als Strategieberater anbot.

Trister Alltag – ist das mein Leben? – Sinndiskussion und 11 Tipps, wie Sie gleich morgen Ihr Leben bereichern können

Es ist fürchterlich, unglücklich zu sein;
man fühlt sich so einsam.

Simone de Beauvoir in *Das Blut der anderen* (1945)[60]

Sie fühlen sich jeden Tag bleischwer, haben keine Lust, morgens aufzustehen, alles scheint Ihnen freudlos und grau, und Sie haben das Gefühl, jenseits Ihres eigenen Lebens zu stehen, sich wie ein Außerirdischer zu beobachten. Woran kann das liegen? Läuft die Partnerschaft nicht mehr rund, der Job, nerven die Kinder oder fühlen Sie sich einfach nur niedergeschlagen und müde und wissen nicht warum? Kann es sein, dass Ihnen der Sinn im Leben fehlt? Dass diese innere Emigration gekoppelt mit vitaler Erschöpfung Ihnen „Achtung!" signalisiert? Dass Sie resignieren, weil Sie glauben, nichts ändern zu können? Mit der Konsequenz, dass dieses Auf-Sparflamme-Leben das Dasein stumpf und freudlos erscheinen lässt – schließlich zahlt man für alles einen Preis.

Je nach persönlichem Hintergrund und aktueller Lebenssituation stellt sich die Sinnfrage aus unterschiedlichen Gründen, weiß die Psychotherapeutin Liselotte Tutsch, die dazu 200 Menschen befragte:[61]

1. Als große Frage „Wozu das Ganze?" ist sie die Frage nach dem Sinn des Seins und entspringt dem Bedürfnis des Menschen, sich in größeren Zusammenhängen zu verstehen. Die Antwort lässt sich allerdings nur durch längere Auseinandersetzung erforschen oder im Glauben finden.
2. Als Frage: „Wozu ist mein Leben gut?", „Wofür lebe ich?", „Wofür soll ich etwas tun?" Liselotte Tucher hat festgestellt, dass diese Frage aus anthropologischer Sicht gesehen aus drei Gegebenheiten des Menschseins entsteht:
   - aus der Endlichkeit des Menschen,
   - aus der Vergänglichkeit der Möglichkeiten,
   - aus der Freiheit des Menschen gegenüber seinen Wahlmöglichkeiten.

Daraus ergibt sich, dass sich Sinn nicht aufschieben lässt, dass Rahmenbedingungen des Lebens nicht frei wählbar sind und dass es entscheidend ist, was der Mensch aus seinen Möglichkeiten macht. Entscheidungsfreiheit verursacht jedoch oft Zweifel und Angst, daher versuchen viele Menschen, sich erst gar nicht mit der Sinnfrage auseinander zu setzen, und lenken sich durch vielfältiges Konsum- und Freizeitangebot ab. Hinzu kommt, dass der postmoderne Mensch durch den Verlust an Traditionen und Instinktsicherheit in der Ausrichtung seines Lebens vermehrt auf sich selbst gestellt ist. Er hat verlernt, seine Sensibilität für das Wichtige und Richtige zu bewahren und zu kultivieren, so Tutsch[62], deren Befragung folgendes Ergebnis zu Tage brachte, nämlich – **Sinn ist:**

- Etwas **Nützliches, Notwendiges** tun, von dem ein anderer profitiert; das etwas bringt, was nicht umsonst ist. **Wichtiges** schaffen (etwas Gutes tun, Werte verfolgen etc.) sowie tätig sein und damit etwas bewirken.
- **Beziehungen zu pflegen**, mit anderen in Verbindung bleiben, sich kümmern, gebraucht werden, geben und nehmen, für jemanden da sein, helfen. Denn wer auf andere Menschen bezogen ist, fühlt sich geborgen, sicher und erhält Anregungen.
- **Verstehen** der Beschaffenheit der Welt, Verstehen der Dualität von Leben und Tod.
- **Unterwegs und orientiert sein.** Sinn wird als das Prozesshafte des Lebens verstanden (als Weg, Dranbleiben, Umgang mit Zeit), als Ausrichtung auf zukünftiges Leben (als Orientierung, Richtung, Ziel), als Gegenwärtigsein (was den Augenblick, das Im-Jetzt-leben betrifft) und als Rückschau (als Beitrag für die Unsterblichkeit, um Spuren zu hinterlassen).
- **Authentisch sein.** Sinn als Selbstbestimmung und Selbstverwirklichung (meine Vorstellungen vom Leben finden, das Beste bzw. das für mich Mögliche tun, Handeln, zu dem ich stehen kann, meine Mitte finden).
- **Positive Sicht des Daseins.** Das bedeutet eine positive Auseinandersetzung mit dem Leben, es annehmen, bejahen und sich ihm nicht verweigern.
- Auch Gefühle wie Freude, Spaß, Glück, Genuss, Zufriedenheit, Erfüllung und **ein gutes Leben** wurden im Zusammenhang mit Sinn genannt, der zum Beispiel durch Intuition,

Liebe sowie Toleranz und Mitgefühl von den Befragten erfasst wird.

Natürlich setzt jeder Mensch andere Prioritäten bei dieser Frage. Lassen Sie sich durch diese Auswertung inspirieren, über den Sinn Ihres eigenen Daseins nachzudenken, um sich wohler und in Ihrem Leben mehr zu Hause zu fühlen. Denn, so meint die NLP-Trainerin Heike Cobaugh: Wer sich längere Zeit nicht mit seinem Innenleben beschäftigt, wird unzufrieden und krank.

Gilt es, „nur" die Monotonie aus Ihrem Leben zu verbannen, hier ein 11-Punkte-Plan, mit dem Sie gleich morgen starten können:

11 Tipps, die Ihr Leben bereichern

1. **Raus aus den Karnickelgängen.** Durchbrechen Sie Ihre tägliche Routine. Fahren Sie zum Beispiel einen neuen Weg zur Arbeit oder zum Einkaufen, finden Sie ein neues Hobby und versuchen Sie bewusst, mit offenen Augen durchs Leben zu gehen, und nicht, wie Jungautorin Silke Scheuermann in *Reiche Mädchen* schreibt: „Es geschieht auch in diesem Sommer nichts, das ihn vom vorherigen unterscheidet, obwohl ich es mir doch so sehr wünsche, doch keine der Häuserfassaden, an denen ich täglich entlanggehe, ändert plötzlich chamäleonhaft die Farbe, sie werden höchstens blasser, als wollten sie diejenigen ärgern und enttäuschen, die sie allzu oft hoffnungsvoll anstarren."[63] Allerdings geschieht Veränderung nicht bei anderen oder dem Umfeld, sondern nur bei einem selbst. Gehen Sie daher achtsam und mit offenen Augen durchs Leben, lernen Sie wieder zu staunen und misten Sie Langeweile aus. Denn Langeweile, das wusste auch schon der Philosoph Martin Heidegger, „rückt alle Dinge, Menschen und einen selbst in einer merkwürdige Gleichgültigkeit zusammen".[64] Also raus aus den Karnickelgängen und rein ins Leben!

2. Vielleicht braucht es dazu eine **gute Portion Humor** und in manchen Fällen auch etwas **Ironie**, denn nicht immer ist das Leben ohne sie zu ertragen.
3. Nehmen Sie sich selbst auch wieder stärker als **interessanten Menschen** wahr (mehr dazu siehe Kapitel 3, Seite 91 ff.).
4. Fragen Sie sich: **Wenn Sie morgen sterben**, haben Sie gelebt? Würden Sie eine Erfahrung vermissen ...? Wenn ja, versuchen Sie diese zu leben und halten Sie es in Zukunft wie Seneca, der sagte: „Fange jetzt zu leben an und zähle jeden Tag als ein Leben für sich."
5. **Gehen Sie offen auf Ihre Umwelt zu und thematisieren Sie Probleme**, die Ihnen Kraft und Freude rauben. Das befreit, Sie erhalten Klarheit und kommen in Ihrem Dasein einen Schritt weiter. Außerdem fühlen Sie sich wieder mehr im Leben und nicht in einem Schwebezustand, eingepfercht in Ihrem eigenen Gedankenchaos zwischen Was-wäre-wenn und möchte, wollte, sollte.
6. **Kümmern Sie sich um Ihr soziales Netzwerk.**
7. **Treffen Sie Entscheidungen!** Sicher ist es wichtig, sorgfältig abzuwägen, aber nicht endlos. Irgendwann wirken auch noch so detaillierte Pro-und-Kontra-Listen nur noch wie ein rührender Versuch, „objektiv" zu einem Urteil zu finden und die Entscheidung doch irgendwie zu verzögern. Entscheiden Sie, das bringt Sie weiter und befreit!
8. **Bemühen Sie sich um Ihr persönliches Wachstum.** Schließlich, so der amerikanische Philosoph Harry Frankfurt, ist es die Pflicht einer jeden Person, sich um sich zu sorgen und an seinem Selbst zu arbeiten.[65] Verfeinern Sie also Ihr Selbst, leben Sie bewusst, gehen Sie neugierig durchs Leben, treiben Sie Sport und trainieren Sie Ihren Geist.

9. **Umgeben Sie sich mit inspirierenden Menschen.** Diese befruchten Sie mit neuen Ideen und auch mit Erfahrungen, stoßen Prozesse an und lassen Sie geistig wachsen. Daher: Suchen Sie sich Gesprächspartner, die nicht nur über die Nachbarn tratschen oder über das Geschäft reden, sondern die Sie auch intellektuell fordern und inspirieren. Und: Warum schlagen Sie nicht einmal bei den gängigen Philosophen nach, beispielsweise bei Sokrates, Aristoteles, Immanuel Kant, Friedrich Nietzsche oder auch Peter Sloterdijk bzw. beschäftigen sich mit einem asiatischen Denker wie Konfuzius oder Laotse? – Ganz nach dem Hinweis in Stefan Heyms Buch *Der Fall Glasenapp*: „ ...sie suchten nach Trost und sie fanden ihn in dem alten Mittel der Einsamen und Hungrigen: der Philosophie".[66] Neue Erkenntnisse erhalten Sie auch, wenn Sie sich auf die alten Handelsrouten begeben, mit Marco Polo auf Entdeckungsreise, mit Reinhold Messner ins ewige Eis oder mit einem der bekannten Neurowissenschaftler auf die Spuren der neueren Hirnforschung! Übrigens: Fernsehen zählt nicht als geistige Nahrung, auch wenn die tägliche TV-Nutzung in den letzten zehn Jahren um mehr als ein Viertel gestiegen ist und heute bei dreieinhalb Stunden liegt[67]; es sei denn, Sie schauen gezielt Sendungen mit Nährwert wie Reportagen oder Dokumentationen.
10. **Suchen Sie sich – auch nach Ihrer Pensionierung – eine sinnvolle Aufgabe.** Denn, so glaubt der Evolutionsbiologe Josef Reichholf: „Jeder Mensch braucht eine Aufgabe. Nur mit Arbeit, mit Aktivität (und sei es auch nur ehrenamtlich, indem er etwas sammelt, einem Hobby nachgeht), ist er wer, fühlt er sich wertvoll."

11. **Geben Sie Happy-End-Panik keine Chance.** Menschen, die Probleme mit dem „Alles-erreicht-Syndrom" haben („Je mehr man sich leisten kann, desto größer die Auswahl, desto schwerer die Entscheidung – und desto unglücklicher sind wir mit der einmal getroffenen Wahl"), denen rät der amerikanische Psychologe Barry Schwartz: „Sich mit dem zufrieden zu geben, was gut genug ist – dadurch eröffnen sich Perspektiven auf neuen Ebenen."[68] In den Augen von Psychotherapeutin Claudia Frey haben viele Menschen – geprägt von Filmen und Romanen – eine falsche Vorstellung vom Happy End, nämlich „als Stillstand im Glück". Im wahren Leben jedoch sollte es den Beginn „einer aufregenden Geschichte" einleiten: sich neue kreative Ziele zu setzen, Liebe und Freundschaft bewusst zu leben, die großen und kleine Sensationen des Alltags zu entdecken.[69]

Dinner-for-One-Problematik – was tun im Alter?

„Es war Ende August, ein trister Nachmittag im Ohrensessel. Der pensionierte Lehrer Giorgio Angelozzi saß in einem Vorort in Rom in seiner kleinen Wohnung zu ebener Erde und schaute aus dem Fenster in den Garten mit den Rosen. Gelegentlich blätterte er in einem Buch: Ovid, griechische Philosophen, D'Annunzio, Schopenhauer, Goethes ‚Werther'. Gelegentlich sprach er mit sich selbst und den sieben Katzen ohne Namen. Niemand hörte ihm zu." So beginnt ein *Spiegel*-Artikel über einen 79-jährigen Italiener, der sich selbst zur Adoption anbot.[70] Denn ins Altenheim wollte der Witwer nicht und seine Tochter ging mit der Hilfsorganisation „Ärzte ohne Grenzen" nach Afghanistan. Da wurde der pfiffige Rentner aktiv und rief in der Kleinanzeigenabteilung des *Corriere della Sera* an, um folgenden Text aufzugeben: „Betagter Ex-Lehrer, kein Pflegefall, würde monatlich 500 Euro zur Haushaltskasse einer Familie beisteuern, die ihn als Aupair-Opa adoptiert. Vor allem Kinder, gern Gymnasialschüler, würden davon profitieren." Als der Mann in der Anzeigenabteilung sagte: ‚Kostet 200 Euro', wollte Angelozzi, der im Monat 1480 Euro Rente bezieht, eine Nacht darüber schlafen. Am nächsten Morgen allerdings rief ein Redakteur an und verbreitete seine Geschichte über das ganze Land. Angelozzis Anzeige musste daraufhin nicht mehr erscheinen, er erhielt hunderte Briefe aus Italien, Bogotá, Athen und sogar aus Neuseeland. Doch einer bewegte ihn am meisten, der der Familie Riva aus Bergamo und so lebt Angelozzi seit wenigen Monaten in der Familie von Maurer Elvio, seiner Frau Marlena und den zwei Kindern Dagmara und Mateusz. Elios Eltern sind lange tot und die seiner Frau leben in Polen.

Eine schöne, anrührende Geschichte, die umso mehr zeigt, wie wichtig es ist, zu handeln. Natürlich soll das jetzt kein Aufruf an jeden Alters-Einsamen sein, sich adoptieren zu lassen, aber dazu, aktiv zu werden! Um es erst gar nicht so weit kommen zu lassen, rät Einsamkeitsexperte Prof. Röhrle vorzubauen: „Pflegen Sie nicht nur eine Freundschaft und machen Sie nicht den Fehler, zu spät – wenn Ihr Ansprechpartner gestorben ist – zu reagieren und neue Menschen kennen lernen zu wollen", sagt er und meint: „Und warum überlegen Sie sich nicht, mit mehreren Leuten in ein Haus zu ziehen?" Senioren-WGs sind ideal und liegen im Trend, Gesuche finden Interessierte zum Beispiel unter www.seniorentreff.de (Tel. 0 12 12/ 6-73 64 67 36) oder www.fgwa.de (Tel. 05 11/92 40 01-8 27), aber auch der Bundesverband Forum für gemeinschaftliches Wohnen im Alter e. V. hilft hier weiter (Tel. 05 11/92 40 01-8 27).

Kontakt zu gleich gesinnten Altersgenossen bekommen Sie außerdem in Volkshochschulkursen oder auf Seniorenreisen, zum Beispiel beim Malteser Reisedienst (Tel. 02 21/98 22-0) oder bei arztbetreuten Reisen (Tel. 02 51/5 44 22). Auch das Internet bietet (insbesondere für die in ihrer Mobilität eingeschränkten Älteren) eine Fülle an Möglichkeiten, um miteinander ins Gespräch zu kommen und sich auszutauschen. Hier eine kleine Auswahl an Surftipps:

Surftipps für aktive „Silver Surfer“

- www.feierabend.de. Interaktive Plattform für kommunikative Surfer. Mit Chat, Foren, Poesiealbum, ePostkarten, Gratis-Mailadresse und -Homepage etc. sowie aktuellen Infos und Shopping-Links.
- www.senioren-online.net. Das Portal wartet mit Adressen von Senioren-Internetcafés auf sowie Foren und Chaträumen, informiert über Bildung, Freizeit, Gesundheit, Kultur, Reisen etc. und hilft beim Daten-GAU.
- www.seniorennet.de. Für Einsteiger wie Fortgeschrittene mit Fragen rund ums Netz. Das überregionale Senioren-Netzwerk bietet Hilfe, Erfahrungsaustausch und regelmäßige Treffen an.
- www.cafegarten.de. Portal mit Umfragen und Beiträgen zu Reise, Gesundheit, Hobby und Kultur.
- www.forum-informationsgesellschaft.de. Der Link Arbeitsgruppe „Seniorinnen und Senioren“ stellt bundesweit neue Aktionen in Sachen Internet vor.
- www.uni-ulm.de/uni/fak/zawiw. Weiterbildungsangebot für wissenschaftlich Interessierte. Internet-Neulinge können hier eine CD-ROM mit praktischen Tipps bestellen.

Ebenfalls eine interessante Anlaufstelle für Menschen, die ihr aktives Berufsleben abgeschlossen habe und gerne ihr Know-how ehrenamtlich zur Verfügung stellen möchten, ist der Senior-Experten-Service, www.ses-bonn.de (Tel. 02 28/26 09 00). Unter www.gebrauchtwerden.de (Tel. 07 51/9 77 13 22) können ältere Herrschaften Fertigkeiten jeglicher Art anbieten, zum Beispiel stricken oder Kinder beaufsichtigen und erhalten andererseits Hilfe beim Ausfüllen von Formularen, beim Aufräumen etc. Vielleicht haben Sie ja auch Lust, sich als Model zu engagieren, fragen Sie bei Senioren-Casting-Agenturen nach, zum Beispiel www.and.tv in Berlin (Tel. 07 00/72 68 84 96) oder www.kidundcassidy.de in München (Tel. 089/95 84 60 50 oder -41). Für die Menschen, die nicht mehr so rüstig sind, gibt es Services, wie den der Vacanes GmbH (Tel. 04 21/7 92 97 15) von Anja Grebhan. Mit einem Pool von 100 Mitarbeitern betreut die Jungunternehmerin 150 bis 200 Senioren pro Monat in Bremen und Umgebung. Ab 12 Euro kostet eine Stunde kochen, Tiere füttern, Einkäufe erledigen, Spiele spielen, Spazierengehen oder Tannenbäume aufstellen. „Am meisten Wert legen die älteren Herrschaften allerdings auf Kommunikation: 50 Prozent unserer Buchungen liegen im kommunikativen Bereich, in der Ansprache“, weiß Grebhan.

Wer mehr sucht als das Gespräch – Senioren auf Freiersfüßen also –, findet unter der Metasuchmaschine http://metafoxx.de/Partnervermittlung+senioren Dienste, die sich auf die Zielgruppe 50plus spezialisiert haben. Peter Riedel, Chef von www.freizeit-treff.de (Tel. 0 71 53/61 75 00), bietet nicht nur für 30- bis 50-Jährige Freizeittreffs an, sondern hat seit Herbst 2004 auch einen Club 66plus eingerichtet, wo er für Interessierte Theaterbesuche, Hüttenwochenenden oder Parties, für die er auch mal ein ganzes Hotel oder ein Schiff mietet, anbietet. Die musische Ader seiner Kunden liegt besonders Knut K. Johannson am Herzen. Mit seinem Kulturservice „Berlin im Herbst“ lädt er 60- bis 100-Jährige zu Hauskonzerten und Lesungen ein und organisiert für vier bis sechs Personen Opernbesuche, Bridgeabende oder Museumsführungen inklusive Fahrdienst, Betreuung, Prosecco und Canapés (Tel. 030/31 01 79 02).

23 Tipps, wie Sie Einsamkeitsfrust vermeiden

Damit Sie nicht so leicht in die Einsamkeitsfalle tappen, sollten Sie die hier aufgelisteten Punkte beherzigen. Sie beugen Solo-Frust vor:

1. Seien Sie ehrlich zu sich selbst, gestehen Sie sich ein, dass Sie **einsam** sind.
2. Werden Sie sich darüber klar, dass Einsamkeit die **Folge negativer Einstellungen** gegenüber sich selbst, anderen, dem Leben oder einem System ist.
3. Sehen Sie Einsamkeit als Signal, als **Aufforderung zum Handeln**, etwas in Ihrem Leben zu verändern.
4. Lernen Sie sich so zu akzeptieren, wie Sie sind – Ihre **Stärken** ebenso wie Ihre **Schwächen**.
5. **Vermeiden Sie, sich selbst abzukanzeln** und abzuwerten.
6. Behandeln Sie **negative Gedanken wie einen Kritiker**, den Sie entlarven und mit einer roten Karte vom Platz verweisen.
7. Gestalten Sie Ihr Leben wie eine erfüllte, bunte und aufregende **Partnerschaft mit sich selbst**.
8. Setzen Sie sich **Highlights**, angenehme Ziele, die Sie alleine verwirklichen können. Zum Beispiel ins Kino gehen, eine Reise nach Paris unternehmen, ein Picknick im Park machen, ein Bild malen etc.
9. Entwerfen Sie einen **Wochen- und Freizeitplan**.
10. Gönnen Sie sich täglich etwas **Gutes** und **loben** Sie sich.
11. **Beobachten Sie Ihre Gedanken** immer dann, wenn Sie sich minderwertig und einsam fühlen. Schreiben Sie auf, warum, und wenden Sie dann die **vier Regeln für gesundes Denken** an:
    a) Entspricht der Gedanke den Tatsachen?
    b) Lässt er mich mich so fühlen, wie ich mich fühlen möchte?

c) Hilft der Gedanke, meine kurz- und langfristigen Ziele zu erreichen?

d) Gibt es eine positive Alternative zu diesem Gedanken?

12. Präsentieren Sie sich äußerlich **attraktiv** und lassen Sie sich nicht gehen. Achten Sie auf Ihre Kleidung, ebenso auf Ihre Mimik und Körperhaltung.
13. **Lächeln Sie**, das tut Ihnen nicht nur gut, sondern macht Sie auch attraktiver. Versuchen Sie, die Dinge mit Humor zu nehmen.
14. Nehmen Sie täglich mit fünf Menschen **Blickkontakt** auf und signalisieren Sie Ihre Bereitschaft für Kontakte.
15. Sehen Sie das **Leben als interessante Herausforderung**, an der es zu wachsen gilt. Verschanzen Sie sich nicht hinter einer rigiden Tagesplanung oder Büchern, mit denen Sie sich gegen Ihre Umwelt abschotten und leben Sie nicht in festzementierten Karnickelgängen.
16. Signalisieren Sie im Gespräch mit anderen **Interesse**, statt sich verkrampft darum zu bemühen, besonders interessant zu sein und keine Fehler zu begehen. Das lässt Sie wie einen Streber erscheinen – unlocker und unsympathisch. Machen Sie Ihrem Gegenüber stattdessen Komplimente, hören Sie zu und seien Sie sich nicht zu fein für **Small Talk**!
17. Ganz wichtig: **Selbstöffnung**. Das ist neben Selbstliebe **der** Schlüssel zu mehr emotionaler Nähe: Nur indem Sie sich öffnen, sich anderen – auch auf die Gefahr hin, verletzt zu werden – anvertrauen, ihnen Ihre Wünsche und Bedürfnisse kundtun, entsteht Tiefe und Nähe. Zusätzlich haben Sie das Gefühl, stärker mit beiden Beinen im Leben zu stehen, und fühlen sich nicht unsichtbar, so wie *Die unsichtbare Frau* in Siri Hustvests gleichnamigem Roman (1993): „Ich ließ den Hörer neben dem Telefon liegen ... Ich entzog mich Blicken, weil ich diese Blicke allmählich als physische Bedrohung empfunden hatte. Meine Haut war rau, meine Knochen taten weh, ich pflegte meinen

Körper mit langen Bädern und parfümierten Lotions. Meine Welt schrumpfte zusammen, wurde ein Kokon."[71]

18. Offen auf andere zuzugehen, Kontakte zu halten und nicht einschlafen zu lassen ist Arbeit. Ruhen Sie sich aus, lässt das auch Ihr Umfeld mehr und mehr in einen Dornröschenschlaf fallen und sich von Ihnen entfernen. **Nur regelmäßiger, offener und ehrlicher Austausch** bzw. Das-immer-von-Neuem-offen-auf-Menschen-Zugehen „keeps the fire burning" und lässt die Einsamkeit außen vor.
19. Achtung: **Keine Idealisierung** bzw. keine vorschnelle **Aburteilung**. Sie müssen sich nicht sofort entscheiden, ob er oder sie der richtige Partner ist. Und: Suchen Sie zuerst nach Freunden, und nicht krampfhaft nach einem Partner. Das entspannt.
20. Hüten Sie sich vor **zu perfektionistischen, unrealistischen** Anforderungen an Freunde oder den Menschen, den Sie sich erträumen. Aber achten Sie auf Ihre Bedürfnisse, sonst werden Sie nach und nach die Nähe oder Liebe abtöten.
21. Seien Sie offen und ehrlich mit Ihrem Partner, versuchen Sie, eine **gemeinsame Perspektive** für Ihre Beziehung zu erarbeiten bzw. **Kompromisse** zu finden – wenn es unterschiedliche Wünsche gibt –, mit denen Sie beide zufrieden sind.
22. Versuchen Sie **sinnvoll und authentisch zu leben**, das führt zu mehr Zufriedenheit und Verankertsein im Leben.
23. Sehen Sie **Einsamkeit nicht als Schwäche** an und die Sehnsucht nach zwischenmenschlicher Intimität nicht als Mangel an Selbstständigkeit, sondern als Chance!

4. Kapitel

Kraftquelle Alleinsein

Nie ist der Mensch tätiger, als wenn er nichts tut, und nie ist er weniger allein, als wenn er für sich allein ist.

Hannah Arendt (1979) aus *Vom Leben des Geistes* mit einem Zitat Catos[72]

Was ist Alleinsein? – Und was tun, wenn der Zustand schmerzt?

„Menschen auf der Dauerflucht vor sich selbst sind heutzutage Legion. Dieses Davonrennen vor sich selbst hat mannigfache Facetten: rastlose Geschäftigkeit, Leistungszwang, voll gestopfter Terminkalender, Party-Besessenheit, atemlose Mobilität und so fort. Es ist ein rasendes Rennen, ein immer trickreicheres Vor-sich-Davonrennen. Der Lebensleitsatz scheint zu lauten: Ich haste, hetze – also bin ich. Wir rennen und rennen – wohin? Wofür? Während sich kontemplative Geister in seelischen Krisen in Einsamkeit und Stille zurückziehen, stürzen wir uns als Flüchtlinge vor uns selbst in betäubenden Aktivismus“, wütet der Schweizer Schriftsteller Frank Nager und schreibt weiter[73]: „Und wenn wir einmal gezwungen sind – mit Pascal gesprochen –, ‚im Zimmer zu bleiben', dann um Gottes willen nicht ‚ruhig', besinnlich – das wäre unerträglich. Wohin fliehen wir? Vor die televisionäre Glotze, in die Geschwätzigkeit der Talkshows? In die virtuellen Welten des Internet, atemlos ‚surfend' von Land zu Land – im Tempo der Lichtgeschwindigkeit. Mit sich selbst allein sein können – ist das die tiefste aller Einsamkeiten?", gibt Nager zu bedenken. Nein, antwortet der Professor für Biologische Psychologie Jürgen Zulley. Vor einigen Jahren hat er zusammen mit dem ehemaligen Max-Planck-Institut in Andechs ein Isolationsexperiment mit 447 Versuchspersonen durchgeführt. Die Probanden waren im Schnitt vier Wochen – isoliert von der Außenwelt – in kleinen Zimmern untergebracht, einige sogar bis zu drei Monate. „Weil die Erfahrung absolut positiv war, wollten 80 Prozent der Probanden diese gerne wiederholen", sagt Zulley und begründet: „Die Teilnehmer setzten sich mit sich selbst, ihrer Kindheit auseinander und entwickelten ein neues, bewussteres und intensiveres Erleben." Nur zehn Personen hätten das Experiment abgebrochen, erklärt der Experte. Darunter ein Langzeitarbeitsloser, der mit sich selbst nichts mehr anfangen konnte, oder Liebende, die befürchteten, dass ihr Partner sie in der Zwischenzeit betrügen würde.

Zu einem ähnlich positiven Ergebnis kommt eine Studie von Professor Schwab, die knapp 200 Hamburger Studenten (im Alter von 18 bis 38 Jahre) zum „objektiv beobachtbaren, physischen Getrenntsein ohne Kommunikation mit anderen" befragte. Mit dem Ziel, die Fähigkeit beziehungsweise Unfähigkeit zum Alleinsein zu ergründen.

Das Ergebnis der Studie:

- **Alleinsein findet meist zu Hause** statt (94 Prozent); außerhalb der Wohnung wurden der Arbeitsplatz, das Auto sowie die freie Natur genannt.

- Im Schnitt sind das **3,6 Stunden** am Tag (Extreme liegen zwischen 0,5 und 12 Stunden).
- Von 31 vorgegebenen möglichen Aktivitäten nehmen die ersten drei Plätze solche ein, die mit dem **Studieren** zusammenhängen: notwendige geistige Arbeiten verrichten, lesen, nachdenken über allgemeine Themen. Gefolgt von Musik hören, nachdenken über sich selbst und seine Probleme, schlafen, Hausarbeit, Fernsehen und Essen. Am seltensten wurden Aufputschmittel- und Drogenkonsum genannt, davor rangieren beten, trinken, sich mit dem Haustier beschäftigen, Entspannungsübungen und Musizieren.
- Fast alle Werte der Befindlichkeitspunkte sind in der positiven Hälfte angesiedelt: Am häufigsten fühlen sich die Befragten im Alleinsein **frei, entspannt und konzentriert**; Frauen äußerten sich dabei fast immer positiver als Männer.
- **Körperliche Veränderungen** im Alleinsein nannten 44 Prozent: vermehrtes Nahrungsbedürfnis, vermehrter Toilettengang, Nervosität, Kopf- und Bauchschmerzen sowie Verspannungen. Je einmal wurden schwitzen, sexuelle Erregung, falsches Atmen und vermehrte Lust auf eine Zigarette genannt.
- 56 Prozent gaben als **Ursache des Alleinseins** sich selbst an, 41 Prozent sahen sie in äußeren Umständen begründet und drei Prozent in einer anderen Person.
- **Zwei Drittel** der Probanden waren mit ihrem persönlichen Zeitverhältnis von **Alleinsein und Zusammensein zufrieden**. Nur elf Prozent meinten, sie seien „zu viel alleine“, allerdings gaben auch 21 Prozent an, „zu wenig alleine“ zu sein.

Grundsätzlich – so das Fazit der Hamburger Studie – besitzen Personen mit höherer Fähigkeit zum Alleinsein eine größere Lebenszufriedenheit, mehr Selbstsicherheit und weniger Minderwertigkeitsgefühle. Die Fähigkeit zum Alleinsein manifestiert sich kaum in Verhaltensaspekten (Innenwendung, aktives

Alleinsein und Hilflosigkeit) und der Dauer, sondern am deutlichsten in der Gesamtstimmung, dem Grad der Entlastung durch das Alleinsein und in der Beziehungssicherheit, aber auch in der eigenen Einstellung gegenüber dieser Situation.

Ändern Sie Ihre Sichtweise gegenüber dem Alleinsein

Wie der Einzelne Alleinsein erlebt, hängt zusätzlich von seiner Einstellung gegenüber diesem Zustand ab: „Das Problem ist nicht das Alleinsein selbst, sondern es sind unsere eigenen Wünsche und Erwartungen“, stellte Psychologe Zulley fest. Daher plädieren Experten – auch was kulturelle Normen und Rollenvorstellungen anbelangt – für einen Einstellungswandel: Nämlich Alleinsein nicht zu stigmatisieren, sondern anzuerkennen als existenziell unabdingbare, zeitweilige Erfahrung mit der Möglichkeit des Zu-sich-Kommens bei gleichzeitiger Toleranz aufkommender Einsamkeitsgefühle.[74] Für Zulley etwa ist die „gezielte Suche von Alleinsein“ eine essenzielle Notwendigkeit, die er durch Bergsteigen auslebt und indem er sich nach der Arbeit zu Hause eine halbe Stunde zurückzieht: „Nur so bin ich sozialfähig und kann das auch genießen.“ Wussten Sie zum Beispiel, dass es in manchen Ländern und bei vielen Eingeborenenstämmen heute noch eine Art Zufluchtsstätte im Haus gibt, die allein der Zwiesprache mit sich selbst dient? Manche Menschen ziehen sich dafür in die Natur zurück, suchen Feldkapellen, versteckte Parkbänke, Friedhöfe oder Aussichtspunkte auf, gehen Wandern oder Mountainbiken.

Darüber hinaus, meint Wirtschaftsjournalistin Claudia Tödtmann, verlangt das Leben einem Nehmerqualitäten ab: „Wir scheitern und sind gefordert, wieder aufzustehen. Das klappt vielfach nur dadurch, dass wir uns zurückziehen und wieder Kraft sammeln.“ So wie Joseph Fouché in Stefan Zweigs gleichnamiger Novelle. Mehrfach wird er ins politische Exil geschickt und organisiert am Ende die Verschwörung gegen Napoleon, was Ludwig XVIII. zur Macht verhilft. In Shakespeares Komödie *Der Sturm* findet der auf eine einsame Insel verbannte Held Zeit, Bücher zu lesen, die ihn in die Kunst der Magie einweihen. Mit deren Hilfe kann er seine Widersacher besiegen, gleichzeitig schafft er es, in dieser Auseinandersetzung über sich hinauszuwachsen und ihnen zu verzeihen.

Vielleicht inspirieren Sie diese Gedanken und auch die nachfolgenden Kapitel, positiver über das Alleinsein zu denken. Sollten Sie diesen Umstand dennoch als belastend empfinden (wie zum Beispiel 15 Prozent der in Schwabs Erhebung befragten Studenten), blättern Sie noch mal zurück zu Kapitel 3 und fragen Sie sich:

Wovor haben Sie möglicherweise Angst?

Kann es sein, dass Sie Probleme mit dem Alleinsein haben, weil Sie möglicherweise Angst vor Gefühlen haben? Vor schlechten Stimmungen oder vielleicht vor dem Gedanken, immer alleine bleiben zu müssen? Vor der quälenden Erinnerung an vergangene Ereignisse?

Die Angst vor dem Alleinsein – vor sich selbst, dem eigenen Egoismus oder vor dem Tod – ist für viele Menschen das Schlimmste, was sie durchstehen müssen, weiß auch Sadok Kechicheb zu berichten, der seit 20 Jahren Expeditionen in der Sahara leitet. „Doch“, so der Wüstenfuchs, „wenn Sie das durchlebt haben, haben Sie Sicherheit für sich aufgebaut und fühlen sich stärker als je zuvor. Sie haben sich die große Angst vor dieser tiefen Einsamkeit genommen und können plötzlich auch die Schönheit der Wüste wahrnehmen, die nicht nur Sand und Staub ist ...“

Natürlich möchte ich Sie mit diesem Beispiel nicht in die Wüste schicken. Aber Sie sollten darüber nachdenken, welche Schritte Sie unternehmen könnten, um mit dem Alleinsein besser klarzukommen (siehe dazu auch Beispiele Seite 95 ff.).

Lassen Sie sich auf die Erfahrung Alleinsein ein

Erste Schritte in dieses Abenteuer könnten ein Radausflug oder ein Abend nur mit sich selber sein. Trauen Sie sich, alleine zu verreisen: zuerst mit einer Gruppe Menschen, die Sie nicht kennen. (Zum Beispiel über die üblichen Touristik-Anbieter wie Studiosus oder Robinson-Club, Reiseangebote speziell für Frauen finden Sie unter www.frauenunterwegs.de.) Danach auf eigene Faust mit ein paar guten Büchern, etwas zu malen und zu schreiben im Gepäck. Es muss ja nicht weit sein, eine kleine Pension in einem Naherholungsgebiet, ein Städtereise innerhalb Deutschlands reichen für diese Mutprobe. Oder vielleicht gehen Sie mal alleine Skilaufen, um sich so zu fühlen wie der glücklich grinsende Ski-Freak, der im vergangenen Winter auf Plakaten mit dem Slogan „Tapferes Schneitallein" abgebildet war.

Auch Meditationskurse in Klöstern und Seminarhäusern erfreuen sich immer stärkerer Beliebtheit (Adressen finden sich zuhauf im Internet). Schließlich wusste schon der Heilige Augustinus, wie der Philosoph Sloterdijk in seinem Traktat *Sphären III* hervorhebt: „Individualität, die sich selbst auf die Spur kommt, setzt voraus, dass Einzelne sich auf Ruhe-Inseln zurückziehen können, an denen sie auf einen möglichen Unterschied zwischen den Kollektivstimmen und den inneren Stimmen aufmerksam werden – von denen sich schließlich die eine als die eigene hervorhebt. Das klösterliche *silentium* arbeitet mit diesem Unterschied, um göttliches Leises und menschliches Lautes zu sortieren."[75] Denn, so Sloterdijk weiter: „Den inneren Menschen gibt es nicht, bevor die Bücher, die Klosterzellen, die Wüsten und Solituden ihn ausgesetzt haben; erst nachdem der Mensch selber zur Zelle oder *camera silens* geworden ist, kann die Vernunft mit ihrer leisen Stimme in ihm wohnen. Ein vernünftiges Ich ist ohne akustische Isolation nicht zu haben ..."[76]

Meditation: Mittel zur Selbstfindung & Gesundbrunnen

Meditation ist wie eine Waschmaschine, die einen von Sorgen und Problemen reinwäscht.

Sachiko Oishi-Heß (2005)

Lange Zeit war das Nachsinnen und Einüben, was das lateinische „meditari" übersetzt bedeutet, in Vergessenheit geraten. Nach Martin Luther und Ignatius von Loyola geriet die abendländische Tradition der Meditation bis auf wenige klösterliche Überbleibsel fast vollständig in Vergessenheit. Erst der Psychologe Karlfried Graf Dürkheim und der Jesuitenpriester Hugo Enomiya-Lassalle sorgten dafür, dass die Methode in Deutschland in den 50er Jahren wieder entdeckt wurde. Beide waren – wie Dürckheim es nannte – von der japanischen „Kultur der Stille" tief beeindruckt und verbreiteten die Methode der Zen-Meditation, in der sie sich im Reich der aufgehenden Sonne ausbilden ließen, durch Kurse und Bücher in ganz Europa. Bis heute wurden diese Ansätze vielfach weiterentwickelt und neue Formen aus dem asiatischen Kulturkreis kamen hinzu.

„Doch", meint Matthias Jordan, Meditationslehrer und Heilpraktiker aus Fulda, „jede Art der Meditation beziehungsweise jeder Meditierende versucht das Gleiche zu erlangen: durch Stille und Entspannung Erkenntnis zu gewinnen, in einen Raum vorzudringen, in dem der Geist nicht mehr bewertet und Weisheit und Liebe vorherrschen." Einziger Unterschied ist das Wie: Auf welches Objekt sich der Einzelne konzentriert, um den ständig denkenden und brabbelnden Geist anzuhalten. „Das kann wie in der Zen-Meditation etwa eine weiße Wand sein, auf die man mit offenen Augen schaut, aber auch ein Mantra, der eigene Atem oder ein Körpergefühl", erklärt der ehemalige buddhistische Mönch Jordan, der sowohl mit Führungskräften als auch mit chronisch Kranken oder Suchtpatienten meditiert. Pater Johannes, der selbst täglich mindestens eine halbe Stunde meditiert, vertritt die Ansicht: „Durch das Meditieren finden Sie hinter Ihr Ego, in einen Zustand der Geborgenheit und des absoluten Seelenfriedens, des All-Eins-Seins. Das ist eine heilende Erfahrung, außerdem erhalten Sie Antworten auf zwingende Fragen, etwa wie soll mein Leben weitergehen?“ (Siehe dazu auch das Interview auf Seite 60 ff.).

Nicht nur **Kraft und Antworten auf zwingende Fragen** schenkt uns der Zustand des All-Eins-Seins, er hat auch erstaunliche Auswirkungen auf unsere **Gesundheit**. „Dadurch, dass die elektrische Hirntätigkeit sich in eine Art Ruhezustand verlagert, Pulsfrequenz, Sauerstoffverbrauch und Blutdruck sinken, werden die Rezeptoren unempfindlicher für Stresshormone, was dazu führt, dass der Mensch gelassener wird. Zusätzlich setzt der Körper Endorphine frei, die das Schmerzempfinden herabsetzen“, erklärt Gustav Dobos, Leiter der Klinik für Naturheilkunde und Integrative Medizin der Kliniken Essen-Mitte und vergleicht die Wirkung mit einer „Beruhigungstablette ohne Nebenwirkungen“.[77] Dobos ist der deutsche Vertreter der in den USA bereits wesentlich stärker verbreiteten Ordnungstherapie oder Mind-Body-Medizin, die versucht, mit Entspannungstechniken wie Meditation, aber auch durch Sport und gesunde Ernährung schädliche Stressfaktoren auszuschalten und die Selbstheilungskräfte zu aktivieren.

Dass ein Meditationskurs Funktionen in bestimmten Hirnarealen anregt und gleichzeitig das Immunsystem zu höherer Leistung anspornt, bewies der US-amerikanische Psychologieprofessor Richard Davidson von der Universität von Wisconsin erstmals Anfang 2003.[78] Von 41 Studienteilnehmern meditierten 25 Probanden unter Anleitung eines Meditationsexperten einmal wöchentlich in der Gruppe und versenkten sich zu Hause täglich eine Stunde im Lotossitz. Nach dem Kurs erhielten sie ebenso wie eine Kontrollgruppe eine Grippeimpfung. Das Ergebnis: Die Meditierenden hatten zum einen im Elektroenzephalogramm (EEG) eine um 50 Prozent erhöhte elektrische Aktivität im linken präfrontalen Cortex, einem kleinen Teil der Hirnrinde direkt hinter der Stirn, der im Zusammenhang mit positiven Gefühlen steht. Zum anderen konnte Davidson bei Kontrollmessungen vier und acht Wochen später eine fünf bis 25 Prozent höhere Zahl an Grippeantikörpern im Blut feststellen. Folglich schlug die Impfung bei den Meditierenden besser an und stärkte ihr Immunsystem nachhaltiger.

Zu einem ähnlichen Ergebnis kam eine vergleichende US-Studie, die fünf Jahre lang die Kassenleistungen von 2.000 Meditierenden mit dem Durchschnitt aller 600.000 Versicherten verglich. Bei den Meditierenden fielen die Krankenhauseinlieferungen im Schnitt um 56 Prozent geringer aus. Zusätzlich waren deutlich geringere Einweisungen bei den häufigsten 20 Krankheitsarten feststellbar – zum Beispiel ein Rückgang um 55 Prozent bei Krebs, um 87 Prozent bei Nervenerkrankungen, um 73 Prozent bei Hals-, Nasen- und Lungenbeschwerden und um 87 Prozent bei Herz-Kreislauf-Problemen.[79]

Dass Meditation einen stark blutdrucksenkenden Effekt hat, fand auch die jüngste Studie der Kliniken Essen-Mitte heraus. 100 Patienten mit koronarer Herzkrankheit schluckten nicht nur ihre Medikamente wie Betablocker, Statine und ACE-Hemmer, um die zugesetzten Herzkranzgefäße funktionstüchtig zu halten, sie erhielten zusätzlich auch das Mind-Body-Medizin-Programm. Dazu Dobos: „Mit dem Resultat: niedrigerer Blutdruck, weniger Angina Pectoris und eine bessere vegetative Regulation des Herzens als in der Kontrollgruppe".[80] Wichtig ist in den Augen der Mediziners allerdings, dass das Meditieren wie Zähneputzen ins Leben integriert wird. Nur wer täglich eine halbe Stunde meditiert, schafft es mit der Methode der Stille, den körpereigenen Gesundbrunnen zu nutzen. Mit ersten Auswirkungen fürs Immunsystem könne der Übende ab vier Wochen Training rechnen, sagt Dobos, der sich selbst mit dieser Anti-Stress-Maßnahme fit hält.

Meditieren – eine Gebrauchsanleitung

1. Suchen Sie sich einen Platz, an dem Sie **mindestens 15 bis 30 Minuten ungestört** sind. Machen Sie es sich bequem. Ziehen Sie am besten die Schuhe aus und setzen Sie sich auf einen Teppich oder eine Decke (achten Sie vorher darauf, dass die letzte Mahlzeit mindestens eine Stunde zurückliegt). Günstig ist es, gleich morgens nach dem Duschen zu meditieren.
2. Der klassische Sitz ist der **Lotossitz mit gekreuzten Beinen**. Sie können aber ebenso gut auf einem Kissen oder einer im Ziehharmonikastil gefalteten Wolldecke sitzen, wobei die Beine seitlich neben dem Po zu liegen kommen. Manche benutzen auch ein 15 Zentimeter hohes Sitzbänkchen, unter dem sie die Füße durchstrecken können oder einen Stuhl. Bei allen Varianten sollte der Rücken gerade und nicht überdehnt sein. Sitzen hat sich als Meditationshaltung bewährt, weil man dabei nicht einschlafen kann. Es gibt aber auch Meditationen im Liegen oder bei langsamen Gehen.
3. Die **Hände** sind vor dem Bauch gefaltet. Dabei berühren sich die Daumenspitzen, der Rest der Finger ist fast wie beim Beten verschränkt, nur loser.
4. Um schneller abschalten zu können, **schließen Sie die Augen bis auf einen Spalt** und konzentrieren Sie sich auf Ihre Atmung. Hilfreich ist, zusammen mit dem Ein- und Ausatmen ein Mantra vor sich hin zu sagen. Beliebte Mantras sind „Stille", „Licht" oder „ein, aus".
5. Lassen Sie es, ohne sich dagegen zu wehren, geschehen, dass Ihnen **Gedanken** durch den Kopf gehen oder Sie **Spannungen in Ihrem Körper** spüren. Das ist normal, ebenso wie vielleicht kurz eine Träne zu vergießen. Spüren Sie

dem nach beziehungsweise bemühen Sie sich, sich wieder auf Ihre Atmung zu konzentrieren, wenn die Gedanken zu banal werden.

6. **Brechen Sie die Übung ab**, wenn Sie das Gefühl haben, Sie müssen sich zu stark zusammenreißen, aber auch, wenn Sie große Ängste, Gefühlsausbrüche oder unbekannte Schmerzen erleben.
7. Lassen Sie sich **Zeit mit dem Aufwachen**. Beenden Sie meditative Übungen nicht abrupt, auch wenn Sie gestört werden. Verneigen Sie sich und lassen Sie sich ein, zwei Minuten Zeit, bis die Alltagsgedanken langsam in Ihr Gehirn zurückströmen.
8. **Erwarten Sie** sich beim ersten Mal **nicht zu viel**. Eine Wirkung, die über angenehme Gefühle hinausgeht, stellt sich erst nach regelmäßigem Üben ein. Doch, wie wussten schon die Stoiker: „Kehrt in euer Inneres ein, da werdet ihr Ruhe finden" ... Darüber hinaus Kraft, Liebe, Frieden und Klarheit über sich selbst – wie ich bei einer Kontemplationswoche im Zen-Meditationshaus Dietfurt am eigenen Leib erleben konnte: eine großartige Erfahrung! Kann es sein, dass darin, neben dem Glauben an Gott, Buddha etc., das Geheimnis der Ordensleute liegt, auch alleine ohne Partner glücklich zu leben?

Anachoreten und kreative Eremiten

Nicht nur gelegentliches, sondern Alleinsein in Reinform lebten die Anachoreten im 3. bis 5./6. Jahrhundert n. Chr. in Ägypten, Palästina und Syrien – völlig abgeschieden und zurückgezogen in der Wüste, im Gebirge oder im dichten Wald, manchmal auch auf küstennahen Inseln. Ihr Begründer war Antonius der Große (251–356). Er wurde um 251 als Sohn wohlhabender, christlicher Bauern in Kome, Mittelägypten, geboren. Nach dem Tod der Eltern verkaufte er all seinen Besitz und zog sich zuerst in der Nähe seines Dorfes in eine Hütte zurück. Später lebte er in alten Gräbern und Kastellen, bis er sich eine Einsiedelei in der Wüste am Berg Kolzim in Sichtweite des Roten Meeres einrichtete. Durch seine Lebensweise und seine Wunderheilungen scharte er einige Schüler um sich. Sie berichteten der Nachwelt von seinem asketischen, ganz Gott und dem christlichen Glauben gewidmeten Leben und auch von den Heimsuchungen, denen er während der langen einsamen Wüstenaufenthalte standhielt. Die legendären Versuchungen des Heiligen faszinierten auch eine Reihe namhafter Maler, die diese Auseinandersetzung auf Leinwand bannten, wie zum Beispiel Hieronymus Bosch, Max Ernst oder Salvador Dalí.

Die Entwicklung des Anachoretentums (übrigens gab es auch Asketinnen!) ist eng verbunden mit der Entstehung des Klosterwesens im 4. Jahrhundert. Dazu Christopher Brooke in seinem Buch *Die Klöster. Geist, Kultur, Geschichte*: „Jede Klostergemeinschaft, die von der antiken Literatur über das religiöse Leben Notiz nahm, musste wissen, dass es in der Wüste begonnen hatte und dass Cassian und Benedikt in ihren Lebensregeln auch Raum für jene wenigen gelassen hatten, die sich der göttlichen Allgegenwart auf einsamere und heroischere Art nähern wollte."[81] Das Ideal der Anachoreten war nie ganz in Vergessenheit geraten; in fast allen Gebieten Westeuropas, wo im Mittelalter das Klosterleben in Blüte stand, gab es Eremitengruppen – in Irland, Frankreich, Deutschland und der Schweiz, vor allem aber in Italien. Und noch heute leben Mönche in Einsiedeleien nicht nur in Europa, sondern auf der ganzen Welt – egal ob christliche, buddhistische, hinduistische oder sufistische Asketen.

Allerdings ziehen sich Menschen nicht nur aus **religiösen Motiven** aus der Gemeinschaft zurück, sondern auch aus **intellektuellen**: Das stellte bereits der Dichter Francesco Petrarca in seinem Werk *De vita solitaria* (1346) fest, das eine intellektuelle Verteidigung der Muße darstellt, die den Menschen von den kleinen, aber bedrängenden Sorgen des Alltags freihält: „Zwar war das Ideal der Einsamkeit bereits in der Tradition des mittelalterlichen Mönchtums verkörpert, und Petrarca führt tatsächlich das Beispiel von Mönchen und Eremiten an, aber sein eigenes Ideal ist nicht der Mönch, sondern der Gelehrte und Literat, der sich zurückzieht aufs Land, fort von den Städten mit ihrem Lärmen und Treiben, um ungestört zu leben und nach Lust zu lesen und zu meditieren. So kann man mindestens sagen, dass Petrarca das mönchische Ideal des Rückzugs zu einem weltlichen und literarischen umformte, und in dieser Form war es vielen Dichtern, Schriftstellern und Gelehrten lieb und teuer“, erklärt der Humanismusforscher Paul Oskar Kristeller.[82]

Nicht nur in der Vergangenheit, sondern auch heute noch kapseln sich Geistesmenschen zum Arbeiten ab. So sagt beispielsweise der Designer Philippe Starck von sich: Er lebe „alleine, alleine, alleine, wie ein Mönch – entweder mitten im Wald oder in der Mitte des Schlammes meiner Austernfarm oder in der Mitte des Meeres – aber alleine“. Der Kreative, der weltweit 17 Häuser besitzt, alle gleich ausgestattet mit denselben Büchern, derselben Musik,[83] gesteht weiter: „Ich lebe nie in einer Stadt. Ich gehe nicht ins Kino, nicht ins Theater, nicht ins Museum, ich lese keine Zeitung. Ich bin, was meine Tochter einen ‚modernen Autisten‘ nennt. Das Einzige, was mich interessiert, ist meine Leidenschaft“.[84] Schließlich ist Alleinsein für den **kreativen Prozess** eine wichtige Rahmenbedingung. Laut einer Studie entstehen 76 Prozent aller Geistesblitze in dieser Zeit. Davon 28 Prozent in der Natur, zum Beispiel wenn wir spazieren gehen oder wandern, 14 Prozent zu Hause und 11 Prozent bei der Fahrt ins Büro.

Doch die Muße scheint Kreative im stillen Kämmerlein nicht immer gleichermaßen zu küssen. So schreibt etwa der Komponist Hans Werner Henze: „Wenn doch Style und Idea sich lieben würden!, habe auch zu wenig angst und zu wenig einsamkeit. Auch keine besessenheit von zykladen. Sehe es kommen, dass ich böses tun muss, um einsamer zu sein."[85] Das führt natürlich auch dazu, dass sich Schriftsteller, Designer, Maler, Philosophen und Wissenschaftler immer auch auf einer Gratwanderung zwischen kreativem Höhenflug und Tristesse befinden, wie es die Autorin Bettina von Arnim in ihrem Gedicht *Wer sich der Einsamkeit ergibt* auf den Punkt bringt:

Wer sich der Einsamkeit ergibt

Wer sich der Einsamkeit ergibt,
Ach der ist bald allein;
Ein jeder lebt, ein jeder liebt
Und lässt ihn seiner Pein.

Wer sich dem Weltgewühl ergibt,
Der ist zwar nie allein.
Doch was er lebt und was er liebt,
Es wird wohl nimmer sein.

Nur wer der Muse hin sich gibt,
Der weilet gern allein,
Er ahnt, dass sie ihn wieder liebt,
Von ihm geliebt will sein.

Sie kränzt den Becher und Altar,
Vergöttlicht Lust und Pein.
Was sie ihm gibt, es ist so wahr,
Gewährt ein ewig Sein.

Es blühet hell in seiner Brust
Der Lebensflamme Schein.
Im Himmlischen ist ihm bewusst
Das reine ird'sche Sein.

Um im Streben nach ewigem Ruhm und dem besten Ergebnis die Leere und Einsamkeit intellektuellen Arbeitens abzuschütteln, werden Literaten nicht selten erfinderisch. Die amerikanische Frauenroman-Autorin Melissa Bank etwa geht ins Theater, färbt sich die Haare, bügelt, liest Zeitung oder hört „alles Mögliche im Internet".[86] Während sich der Philosoph Friedrich Nietzsche, wie er 1886 in *Menschliches, Allzumenschliches* schreibt, die „freien Geister" erfand: „als tapfere Gesellen und Gespenster, mit denen man schwätzt und lacht," wenn man Lust dazu hat und sie zum Teufel schickt, wenn sie einem langweilig werden, – „als Schadensersatz für mangelnde Freunde."[87] Dass dieser Trick nicht immer gelingt, und die Gefahr, nur im eigenen Saft zu schmoren, ohne Korrektiv und Austausch mit anderen groß ist, zeigt, dass manchen Künstlern und Wissenschaftlern Autismus attestiert wurde. Für andere gipfelte ihre Arbeitsversessenheit sogar in Schizophrenie etwa bei dem Maler Vincent van Gogh oder dem genialen Mathematiker und Nobelpreisträger John Nash, dessen Lebensgeschichte in *A Beautiful Mind* 2001 verfilmt wurde.

Der Schriftsteller Hans Magnus Enzensberger soll über das kreative Arbeiten gesagt haben: Es ist wichtig „die richtige Balance zwischen Alleinsein und Nicht-Alleinsein zu finden"[88]. Ein Unterfangen, das am einfachsten über die Liebe glückt. In Anton Čechovs Erzählband *Angst* (1887) gelingt die Erlösung durch Liebe allerdings nicht ganz: Der arbeitsbeflissene Statistiker, dem Veročka ihre Liebe gesteht, ist – obwohl er es wollte – unfähig darauf zu reagieren: Es wäre nicht der kluge Verstand, nicht die Kälte des selbstverliebten Dummkopfs, gestand er sich ein, „sondern die Ohnmacht der Seele, die Unfähigkeit, Schönheit in ihrer Tiefe zu empfinden, das frühe Alter, erworben durch Erziehung, durch den zügellosen Kampf um das liebe Stückchen Brot, durch das einsame Leben im möblierten Zimmer."[89] Vielleicht hätte es ein bisschen mehr Selbstliebe, Mut zum Leben und zur Veränderung bedurft, denkt sich der geneigte Leser. Denn: „Herrgott, in alledem ist soviel Leben,

Poesie und Sinn, es könnte einen Stein erweichen, nur ich bin dumm und vernagelt."[90]

In diesem Sinne wünsche ich Ihnen alles Gute, viel Kraft und Mut! Letztlich muss jeder selber wissen, welche Prioritäten er setzt, und was er will – ausbrechen oder im Käfig verharren. Allerdings gibt Einsamkeit einem jeden die Sprengkraft, es zu tun! Warum lassen Sie sich nicht mal auf dieses Experiment ein? Es kostet Sie nichts, und Sie können eine Menge gewinnen ...

Endnoten

[1] R. Schönherz & A. Fleer: *Rilke Projekt – In meinem wilden Herzen*, Titel 6, Einsamkeit, BMG Ariola, 2002.

[2] T. Bernhard: *Beton*, S. 39.

[3] P. Hanke: *Don Juan*, S. 43.

[4] I. Possemayer: „Einsamkeit", *Geo* S. 36/37 Ausgabe 10/2002.

[5] *Herkunftswörterbuch*, S. 149, Meyer Lexikonverlag, 1989.

[6] J.-J. Rousseau: *Träumereien eines einsamen Spaziergängers*, S. 20.

[7] C. Koller: *Liebe auf Distanz*, S. 6.

[8] E. Badinter: *Ich bin Du*, S. 248/249.

[9] I. Possemeyer: „Einsamkeit", *Geo*, S. 28, Ausgabe 10/2002.

[10] M. Schaertl, P. Hart, M. Respondek: „Die Jagd nach Mr. Right und Miss Perfect", *Focus*, S. 106, Ausgabe 06/2005.

[11] P. Sloterdijk: *Sphären III*, S. 13.

[12] O. und M. Horx: *Trend-Report 2005 – Soziokulturelle Schlüsseltrends*, S. 30/31, 2005, www.zukunftsinstitut.de.

[13] E.-E. Schmitt: *Die Schule der Egoisten*, S. 97.

[14] I. Possemayer, „Einsamkeit", S. 12.

[15] K. Brinkbäumer: „Generalsekretär Amann gerät ins Visier der USA", *Der Spiegel*, Ausgabe 50/2004.

[16] *Spiegel-TV*: „Wenn Intelligenz zum Fluch wird", Sendung vom 03.03.2004.

[17] A. Glucksmann: *Faz-Net*, Ausgabe vom 08.03.2005.

[18] E. Schütz: „Einsamkeit: Ein Gefühl, das um Weihnachten boomt", *Ö1-Wissenschaft*, Ausgabe vom 23.12.2003.

[19] R. Schwab, C. Barkmann: „Räumliches Alleinsein im Alltag – Zur Bedeutung des Alleinseins für die seelische Gesundheit“, *Zeitschrift für Klinische Psychologie, Psychiatrie und Psychotherapie*, S. 141–154, Ausgabe 47/1999.
[20] I. Possemayer, „Einsamkeit“, *Geo*, S. 44, Ausgabe 10/2002.
[21] ebenda
[22] R. Schwab: *Psychologie der Einsamkeit – Individuelle Disposition und biografische Risikofaktoren*, S. 6.
[23] ebenda
[24] ebenda
[25] T. Bernhard: *Beton*, S. 142.
[26] D. Wolf: *Einsamkeit überwinden*, S. 21.
[27] ebenda
[28] B. Röhrle u.a.: *Einsamkeit bewältigen*, S. 25.
[29] N. Branden: *Die 6 Säulen des Selbstwertgefühls*, S. 71.
[30] D. Wolf: *Einsamkeit überwinden*, S. 47.
[31] O. Wilde: *Das Bildnis des Dorian Gray*, S. 9.
[32] ebenda, S. 22.
[33] D. Herzog: *Die Kraft des Emotionen*, S. 51.
[34] H.-W. Bischoff: *Sozialpsychologie*, S. 11.
[35] K. Sachse: „Warum bin ich so?“, *Focus*, S. 144, Ausgabe 11/2005.
[36] D. Wolf: *Einsamkeit überwinden*, S. 51/52.
[37] N. Branden: *Die 6 Säulen des Selbstwertgefühls*, S. 153 ff.
[38] D. Goleman: *Emotionale Intelligenz*, S. 98.
[39] R. Kramer: „Alles unter Kontrolle“, *Harvard Business Manager*, Ausgabe vom 23.11.2004.
[40] D. Goleman: *Emotionale Intelligenz*, S. 117.
[41] B. Charlene, L. Meg: *The Power of Flow*, S. 2.
[42] D. Goleman: *Emotionale Intelligenz*, S. 101/102.
[43] A. Roth, H. Möhrlein, B. Röhrle: *Einsamkeit bewältigen*, S. 57/58.
[44] ebenda, S. 59.
[45] M. Schaertl, P. Hart, M. Respondek: „Die Jagd nach Mr. Right und Miss Perfect“, *Focus*, S. 106, Ausgabe 6/2005.
[46] ebenda

47 M. Houellebecq: *Ausweitung der Kampfzone*, S. 31.
48 T. Bernhard: *Beton*, S. 142.
49 S. Reinhardt: „Tierische Freude", *Psychologie heute*, Ausgabe 02/2005.
50 F. Temmel: „Briten entwickeln sozialen Roboter", *Pressetext Deutschland* vom 02.11.2004.
51 C. Koller: *Liebe auf Distanz*, S. 182.
52 ebenda, S. 184.
53 B. Kast: *Die Liebe*, S. 146.
54 ebenda, S. 184/185.
55 F. Nietzsche: *Menschliches, Allzumenschliches*, S. 13.
56 F. Gerbert: „Wege zur Glücks-AG", *Focus*, S. 117, Ausgabe 07/2004.
57 C. Koller: „Schon vor dem Massaker da sein", *Handelsblatt*, S. K-6, Ausgabe vom 22./23.11.2002.
58 ebenda
59 ebenda
60 S. de Beauvoir: *Das Blut der anderen*, S.129.
61 L. Tutsch: „Wer sinnvoll lebt, ist gut unterwegs", in: *Psychologie Heute Compact*, S 22: „Was gibt dem Leben einen Sinn?", Ausgabe 8/2003.
62 ebenda, S. 24.
63 V. Weidemann: „Fräulein Plunder", *FAZ*, S. 32, Ausgabe vom 12.02.2005.
64 M. Heidegger: *Was ist Metaphysik?*, S. 33.
65 A. Kuhlmann: „Was unserem Leben Bedeutung verleiht", *Zeit Literatur*, S. 68, Ausgabe 03/2005.
66 S. Heym: *Der Fall Glasenapp*, S. 157.
67 Gesellschaft für Konsumforschung, 2004
68 M. Forster: „Happy End – Was nun?", *Vogue*, S.82, Ausgabe 01/2005.
69 ebenda
70 F. Ehlers: „Die Wahlverwandtschaft", *Der Spiegel*, S. 78, Ausgabe 44/2004.
71 S. Hustvedt: *Die unsichtbare Frau*, S. 99/100.

[72] H. Arendt: *Das Leben des Geistes*, S. 17.

[73] F. Nager: „Einsamkeit – ein Segen, Vereinsamung – ein Fluch“, *Luzerner Zeitung*

[74] R. Schwab, C. Barkmann: „Räumliches Alleinsein im Alltag – Zur Bedeutung des Alleinseins für die seelische Gesundheit“, *Zeitschrift für Klinische Psychologie, Psychiatrie und Psychotherapie*, S. 141–154, Ausgabe 47/1999.

[75] P. Sloterdijk: *Sphären III*, S. 382.

[76] ebenda

[77] C. Koller: „Meditation. Die Kraft aus der Stille“, *Gesundheit*, S. 27, Ausgabe 10/2004.

[78] ebenda

[79] ebenda

[80] ebenda

[81] R. Schönberger: „Sinn und Schicksal der Einsamkeit“, S. 6.

[82] ebenda

[83] C. Ullrich: „Der moderne Autist“, *Handelsblatt*, Ausgabe vom 28./29./30.01.2005.

[84] ebenda

[85] I. Bachmann, H. W. Henze: *Briefe einer Freundschaft*, S. 36.

[86] K. Rübesamen: „Melissa Bank über Schreiben“, *Süddeutsche Zeitung*, S. VIII, Ausgabe vom 16./17.04.2005.

[87] F. Nietzsche: *Menschliches Allzumenschliches*, S. 11.

[88] K. Zimmer: *Die Kunst, allein zu leben*, S. 43.

[89] A. Čechov: *Angst*, S. 31.

[90] ebenda, S. 30.

Literaturverzeichnis

Arendt, Hannah: *Vom Leben des Geistes*, Piper, München 2002.

Bachmann, Ingeborg/Henze, Hans Werner: *Briefe einer Freundschaft*, Piper, München, 2004.

Badinter, Elisabeth: *Ich bin Du*, Beltz, Weinheim und Basel 2001.

Belitz, Charlene; Lundstrom, Meg: *The Power of Flow*, Three Rivers Press, New York 1998.

Bernhard, Thomas: *Beton*, Suhrkamp, Frankfurt a. M. 1988.

Bernhard, Thomas: *Der Keller*, dtv, München 2002.

Beauvoir de, Simone: *Das Blut der anderen*, Rowohlt, Reinbek bei Hamburg 1987.

Bierhoff, Hans-Werner: *Sozialpsychologie*, Kohlhammer, Stuttgart 2000.

Bitter, Wilhelm: *Einsamkeit in medizinischer, psychologischer, theologischer und soziologischer Sicht*, Kindler, München 1969.

Branden, Nathaniel: *Die 6 Säulen des Selbstwertgefühls*, mvg, Frankfurt a. M. 2002.

Borodsky, Joseph: *Ufer der Verlorenen*, Hanser, München 1989.

Camus, Albert: *Der Fremde*, Rowohlt, Reinbek, 1986.

Čechov, Anton: *Angst*, Friedenauer Presse, Berlin, 6. Auflage 1996.

Conrady, Karlotto: *Das große deutsche Gedichtsbuch*, Athänum Verlag, Frankfurt a. M. 1987.

Dostojewskij, Fjodor: *Der Doppelgänger*, Insel Verlag, Frankfurt a. M. 2003.

Dostojewskij, Fjodor: *Helle Nächte*, Insel Verlag, Frankfurt a. M. 1991.

Flaubert, Gustave: *Madame Bovary*, Insel Verlag, Frankfurt a. M. 1996.

Franzen, Jonathan: *Anleitung zur Einsamkeit*, Rowohlt, Reinbek bei Hamburg 2002.

Goleman, Daniel: *Emotionale Intelligenz*, Hanser Verlag, München 1996.

Goethe, Johann Wolfgang: *Wahlverwandtschaften*, Insel Verlag, Frankfurt a. M. 1972.

Handke, Peter: *Don Juan*, Suhrkamp, Frankfurt a. M. 2004.

Handke, Peter: *Wunschloses Unglück*, Suhrkamp, Frankfurt a. M. 1974.

Handke, Peter: *Ich bin ein Bewohner des Elfenbeinturms*, Suhrkamp, Frankfurt a. M. 1972.

Heidegger, Martin: *Was ist Metaphysik?*, Vittorio Klostermann Verlag, Frankfurt a. M. 15. Auflage 1998.

Heigl, Adolf: *Selbstaufmerksamkeit und Einsamkeit*, S. Roderer Verlag, Regensburg 1988.

Heym, Stefan: *Der Fall Glasenapp*, btb, München 1998.

Houellebecq, Michael: *Ausweitung der Kampfzone*, Rowohlt, Reinbek bei Hamburg, 8. Auflage 2002.

Hustvedt, Siri: *Die unsichtbare Frau*, Rowohlt, Reinbek bei Hamburg 1993.

Kast, Bas: *Die Liebe*, S. Fischer Verlag, Frankfurt a. M. 2. Auflage 2004.

Koller, Christine: *Liebe auf Distanz*, mvg, Frankfurt a. M. 2004.

Marquez, Gabriel Garcia: *Hundert Jahre Einsamkeit*, dtv, München 12. Auflage 1981.

McCullers, Carson: *Das Herz ist ein einsamer Jäger*, Süddeutsche Zeitung Verlag, München 2004.

Mann, Thomas: *Doktor Faustus*, S. Fischer Verlag, Frankfurt a. M. 1990.

Nietzsche, Friedrich: *Menschliches, Allzumenschliches*, Insel Verlag, Frankfurt a. M. 2000.

Nietzsche, Friedrich: *Also sprach Zarathustra*, Insel Verlag, Frankfurt a. M. 1976.

Olmi, Véronique: *Meeresrand*, Kunstmann, München 2002.

Pehnt, Anette: *Insel 34*, Piper, München 2003.

Péjn, Pierre: *Die kleine Verkäuferin*, Piper, München 2005.

Remschmidt, Helmut: *Autismus*, C.H. Beck Verlag, München 3. Auflage 2005.

Rousseau, Jean-Jacques: *Träumereien eines einsamen Spaziergängers*, Reclam Verlag, Stuttgart 2003.

Röhrle, Bernd u. a.: *Einsamkeit bewältigen – Manual zur Anleitung in Gruppen*, Dgvt-Verlag, Tübingen 1999.

Schmitt, Eric-Emanuel: *Die Schule der Egoisten*, Amman Verlag, Zürich 2004.

Schwab, Reinhold: *Psychologie der Einsamkeit – Individuelle Disposition und biografische Risikofaktoren*, Sozialalmanach, Schweiz 2005.

Shakespeare, William: *Der Sturm*, Reclam, Stuttgart 1976.

Sloterdijk, Peter: *Sphären III*, Suhrkamp, Frankfurt a. M. 2004.

Wilde, Oscar: *Das Bildnis des Dorian Gray*, Diogenes, Zürich 1986.

Wolf, Doris: *Einsamkeit überwinden – Von innerer Leere zu sich und anderen finden*, PAL Verlagsgesellschaft, Mannheim, 2003.

Zimmer, Katharina: *Die Kunst, allein zu leben*, Ullstein, München 2004.

Zulley, Jürgen; Knab, Barbara: *Unsere Innere Uhr*, Herder Verlag Freiburg 2003.

Über die Autorin

Christine Koller wurde 1967 in Burglengenfeld geboren und arbeitet seit 1991 als Journalistin in München. Sie schrieb für die *Süddeutsche Zeitung*, für *Brigitte* und *Max*. Gegenwärtig ist sie unter anderem für *Focus* und *Impulse* tätig und betreut als Chefredakteurin den Karriere-Newsletter *EinfachSicherFühren*. Nachdem sie bereits zwei Sachbücher als Co-Autorin veröffentlicht hat, erschien im Frühjahr 2004 ihr Ratgeber *Liebe auf Distanz* im mvgVerlag.

Mehr Infos unter www.christinekoller.de.